"Jacobo es un excelente ejemplo de c de quebrantos y los horribles dí perfeccionar su obra en la person su gloria. El tener que pasar por el brillo especial: la mansedumbre y l.

"Lo admiro porque todo lo que .... .o ejecuta con mucho gusto y excelencia. Este libro no es la excepción. Disfrutarán de una lectura de buen gusto y se edificarán por el poderoso mensaje que tanto bien hará a los abatidos por las difíciles pruebas de la vida. Comprenderán que vale la pena descubrir los maravillosos propósitos de Dios detrás de cada tropiezo. *A pesar de la lluvia* refrescará tu fe y te animará a creer que el bien y la misericordia de Jehová te seguirán todos los días de tu vida, aunque esté tronando…"

PASTOR REY MATOS
AUTOR DE *SEÑOR, QUE MIS HIJOS TE AMEN* Y
LA MUJER, EL SELLO DE LA CREACIÓN

"La Biblia registra en la carta a los Romanos una poderosa declaración por el apóstol Pablo: «…la misma naturaleza anhela ardientemente la manifestación de los hijos de Dios». Este libro pone en evidencia que sus hijos están respondiendo. *A pesar de la lluvia* es parte de esa manifestación, es esa lluvia anhelada. Jacobo nos refresca con la lluvia que destila del corazón de Dios para consolar y sanar nuestra tierra. Si sientes que tu territorio está árido y seco, deja que cada gota de lluvia de este libro refresque tu vida."

RENÉ GONZÁLEZ
MINISTRO DE ALABANZA Y PASTOR PRINCIPAL
DE LAS IGLESIAS CASA DE JÚBILO

"Jacobo es una de esas personas que todo el mundo le gustaría tenerlo como amigo, porque posee una de las más grande características que un ser humano puede tener: sinceridad. Alguien que disfruta de esta virtud es digno de ser escuchado y respetado, porque todo lo que dice tiene un peso de verdad que, por ende, lo convierte en un ejemplo de vida.

"A través de estas líneas, Jacobo te hablará con corazón de hijo, esposo y padre, de experiencias que lo han desarrollado como un excelente pastor. Qué bueno es sentirse incapaz ante las circunstancias desafiantes de la vida, las cuales llueven sin parar, tratando de mover la barca de nuestra vida. Es en esos momentos donde encontramos el ancla que presenta este maravilloso libro: la misericordia. El propósito de mi amigo Jacobo es hacerte entender que a pesar de la lluvia, sigue existiendo la misericordia de Dios, la cual tiene múltiples maneras de operar a tu favor."

Daniel Calveti

Salmista

"Hay veces que parece que las anécdotas o situaciones que una persona platica, podrían ser las nuestras propias, y así me pasó con este libro. Entre más lo leía, más me identificaba con el autor. En este libro, no sólo vas a escuchar las palabras escritas por Jacobo, sino que vas a descubrir una maravillosa prédica que enseña y edifica el corazón como si estuvieras en el mejor servicio donde Dios te habla a través del pastor. ¿No te ha pasado?

A pesar de la lluvia es un libro ligero, con excelente narrativa y con una frescura de primerizo. Yo creo que la mente de Jacobo, su mano y su inspiración fueron guiadas por Dios, así como a los profetas. Dios nos saca constantemente de la esclavitud de Egipto, nos pasa por el desierto y nos pone cada vez frente a la tierra prometida que tenemos que conquistar. Este es un libro lleno de testimonios que contiene este proceso de liberación, desierto y conquista de la tierra prometida, que de pronto se convierte en un lugar común lleno de emociones y sentimientos.

"Lo importante de este libro es el mensaje y la enseñanza que Jacobo Ramos nos deja como semilla plantada en nuestro corazón. Eso es establecer el reino de Dios en esta tierra. *A pesar de la lluvia* es una excelente herramienta para aprender a cambiar los momentos de dolor en gozo. ¡Gloria a Dios!"

Fernando Arau

Comediante

"Definitivamente considero esta lectura una cautivante y muy oportuna. Mientras leía se me hizo claro el impacto que pueden tener nuestras decisiones en medio de la adversidad. Con mucha sensibilidad y compasión, Jacobo nos presenta una lectura donde te verás identificado y seguro te inspirará a descansar en la gracia y el favor de Dios, a pesar de cualquier adversidad."

Claudina Brinn
Salmista

"Es un libro refrescante, lleno de restauración, transformación e historias que nos revelan la profundidad del propósito de Dios sobre nosotros. Jacobo recoge con sencillez, realismo y esperanza, la vida y sus procesos. Es un recurso práctico para la aplicación y efectividad de los principios espirituales en los momentos difíciles de nuestra vida."

Nando Steidel
Pastor y profesor Universitario

"El conocer a Jacobo, un hombre del Señor lleno de talentos y capacidades, pero sobre todas las cosas lleno de la presencia del Señor, es un regalo de Dios para nosotros y para nuestra amada congregación El Sendero de la Cruz. Damos gracias al Señor por ver un joven entregado a los pies del Maestro, ver siempre su corazón humilde, lleno de amor por otros, y al ver plasmadas en este libro palabras que llegan al alma, nos damos cuenta que hay tesoros y talentos escondidos que emanan de él para edificar a los demás.

"*A pesar de la lluvia* tocará tu vida y aprenderás como Dios puede transformar nuestros desiertos en fuentes, nuestros dolores en alegría y nuestro caminar por una ruta que nos llevará a manantiales de agua viva. Dios nos da herramientas para enfrentar los tiempos difíciles, no solos, sino con la ayuda y el auxilio del cielo. Permítele a Dios obrar en tu corazón y verás que nuestro Él es real y que su mano está para guardarte, bendecirte y llevarte a lugares más altos.

"Sabemos que este libro será como la lluvia que llena los estanques y como agua para el sediento. Recibe *A pesar de la lluvia* como un regalo de Dios a tu alma sedienta y dale permiso al Señor para llenar con su presencia cada rincón de tu corazón."

Mauricio y Elizabeth Guidini
Pastores de la Iglesia Cristiana
El Sendero de la Cruz

A pesar
de la
lluvia

A pesar
de la
lluvia

JACOBO RAMOS

CASA
CREACIÓN

La mayoría de los productos de Casa Creación están disponibles a un precio con descuento en cantidades de mayoreo para promociones de ventas, ofertas especiales, levantar fondos y atender necesidades educativas. Para más información, escriba a Casa Creación, 600 Rinehart Road, Lake Mary, Florida, 32746; o llame al teléfono (407) 333-7117 en Estados Unidos.

A pesar de la lluvia por Jacobo Ramos
Publicado por Casa Creación
Una compañía de Charisma Media
600 Rinehart Road
Lake Mary, Florida 32746
www.casacreacion.com

Edición por: Gisela Sawin Group
Diseño interior por: Candace Ziegler
Diseño de portada: Amanda Potter
Director de Diseño: Justin Evans
Fotos de portada: Amós J. Díaz

Library of Congress Control Number: 2009923522
ISBN: 978-1-59979-557-7

Impreso en los Estados Unidos de América
18 19 20 21 22* 11 10 9 8 7

DEDICATORIA

A mi amada Raquel, la reina de mi vida, quien llegó a tiempo a mi corazón. Dios me ha visitado a través de tu amor. Has sido bálsamo de sanidad a mi alma. Te amo y siempre viviré agradecido por lo que has sembrado en mí y en nuestro hogar. Tu sabiduría ha edificado nuestra familia y tu virtud nos ha enriquecido cada día. Disfruto tanto soñar y trabajar junto a ti.

A las princesas de mi corazón, mis hijas Hosanna y Paloma Mía. ¡Qué bueno es poder caminar juntos en esta travesía! ¡Cuánto disfruto su compañía! Verlas crecer con gracia e influencia del cielo es mi mayor anhelo.

Éste es mi homenaje para ustedes. Reciban mi gratitud por inspirarme y obsequiarme su tiempo mientras este escrito tomaba forma. Las bendigo por ser la parte más valiosa de este equipo ministerial.

AGRADECIMIENTOS

A mis padres. Estas historias forman parte de ustedes. Su amor por Cristo ha inspirado mi vida con la misma fe que les bendijo.

A mis hermanos, Elliot Hiram, su esposa Dámaris, y Lola. Doy gracias a Dios por permitirnos atravesar juntos y en victoria, cada valle de sombra, y permanecer fieles. Sus vidas me llenan de orgullo. Son verdaderos campeones.

A mis sobrinos. Gracias por la alegría que me brindan cada día. Verlos crecer en Dios es una bendición.

Al Ministerio Cristiano Catacumba 5 y al Ministerio de Adoración Sediento. Ha sido un privilegio crecer en una familia con espíritu restaurador.

A mis pastores y amigos, Rey y Mildred. Como parte de nuestra familia, su fidelidad ha enriquecido nuestros pasos con sabiduría.

A todos los pastores de nuestra casa. No solo han cuidado cada paso, sino que también creyeron en lo que Dios había depositado en nuestras manos.

A Blanco y Milagros. Son un regalo de Dios para nuestra familia. Su aporte a este proyecto ha sido incalculable. ¡Contar con ustedes ha sido una bendición!

A Tony y Marysol. Su amistad ha bendecido nuestra vida; y su fidelidad, refrigerio al corazón. ¡Gracias por las lecturas y correcciones bien recibidas!

A Mónica. Gracias hermana por las numerosas horas de servicio y tu valiosa contribución al compartir una historia tan conmovedora. Mi familia está en deuda contigo. Sé que Dios no es deudor de nadie y ya te está retribuyendo.

Al Dr. Benny y Mariela. Su cercanía ha sido una bendición para mi vida. Gracias por escuchar, leer y colaborar siempre.

A Arlany. Tu amistad y fidelidad me han honrado e inspirado. Gracias por compartir tu poderosa historia para bendecir la vida de muchos.

A Celso «Popín», Anabel y Gaby. Desde el principio ha sido un honor disfrutar de su hermandad y sus consejos. Nuestra familia les está agradecida.

A Iris y Rafy. Siempre dispuestos a correr la milla extra con nosotros.

A Daniel y Shari. Gracias por la amistad que nos une. Permanentemente, su aporte nos ha enriquecido.

A Amós (Muma) J. Díaz. No hay duda que naciste para esto. Tu amistad, creatividad y talento enriquece nuestro equipo. Gracias por las fotos.

A Josué y Roselyn. Gracias por su fidelidad y compromiso. Son simplemente excepcionales en todo lo que hacen.

Mi reconocimiento es para cada uno de los que me han motivado a escribir y a seguir adelante, aún en medio de la tempestad. Sencillamente... ¡Gracias!

ÍNDICE

Para el agricultor o el que vive en un lugar seco, ve la lluvia como un instrumento de Dios para ayudar o aliviar su condición. Para los que se encuentran en días grises y aguaceros eternos, un día más sin sol pareciera ser una estación imposible de tolerar. Hay algo debemos tener claro, la lluvia cae sobre todos. Sobre los ricos, los pobres, el trabajador, el ejecutivo, el pastor y aun sobre aquel que nunca ha pisado una iglesia. Todos en un momento dado de nuestra vida debemos enfrentar la lluvia. La lluvia es neutral, cómo la vemos depende mucho de la actitud con que la enfrentemos y definamos.

La misma lluvia que cayó sobre Noé, fue la que cayó sobre los que estaban fuera del arca. Para Noé y su familia la lluvia vino a ser la manera de ver el cuidado de Dios como nunca antes lo habían visto. Para los que enfrentaron la lluvia fuera del arca, vino a ser una señal de un día oscuro para sus vidas. Oro para que esta lectura te ayude a definir tus días oscuros en tiempo de bendición.

¿POR QUÉ DECIDÍ ESCRIBIR?

DURANTE MUCHO TIEMPO HABÍA ALBERGADO EN MI mente la idea de escribir un libro. Sin embargo, nunca le había dado demasiada importancia al asunto. Con todo, una noche todos mis argumentos se derrumbaron. El recuerdo está intacto en mi memoria. Estábamos en nuestro hogar con mi familia, y ya era hora de acompañar a nuestras hijas a dormir. Luego de tocar la guitarra y entonar algunas canciones con ellas, elevamos una oración juntos.

Primero, me despedí de Paloma Mía, la menor de mis hijas. Mientras nos regalábamos esos cariños únicos entre ambos, darle varios besos y negociar con ella, mi pequeña pelirroja me liberó de su abrazo.

Finalmente, al mismo tiempo que apagaba la luz de la lámpara de su habitación decorada con princesas, me acerqué a la cama de mi hija mayor Hosanna. Al despedirla con el beso de las buenas noches, me abrazó y me sostuvo más fuerte que lo habitual susurrándome al oído: «Papi, debes escribir». Instintivamente le pregunté qué tenía que escribir. Entonces ella, agregó: «Debes escribir un libro. Las canciones se olvidan, pero los libros permanecen para siempre».

Me tomó unos segundos reponerme de tal respuesta y entender lo que realmente estaba ocurriendo. Era apenas una niña de seis años y sus labios hablaban con sabiduría. Me sentía aturdido. Pero aún así, continué: «¿Qué?». Con su suave y tierna voz repitió lo que había expresado, pero esta vez lo hizo con mayor convicción. Allí comprendí que era el Señor quien la estaba inspirando y utilizando para hablarme. Me sumergí en su mirada y le dije: «Tienes razón Hosanna. Lo haré. Me comprometo a comenzar con la tarea de escribir un libro».

Al salir de su habitación y atravesar el estrecho pasillo de nuestra casa, busqué a mi esposa, mi amada Raquel, y le dije: «Dios me habló hoy a través de Hosanna. Debo escribir un libro». Ella entonces, con una sonrisa en el rostro, asintió que le parecía bien.

Tenía certeza que aquellas palabras estaban llenas de sabiduría de lo Alto. Yo mismo había escuchado canciones y melodías que me cautivaban en el momento, pero al segundo siguiente pasaban al olvido. Sin embargo, cada libro que he leído ha impactado mi vida hasta hoy.

Este escrito está impregnado del relato de numerosas historias cargadas de esperanza y experiencias transformadoras. Pues Dios ha usado la vida de muchos para inspirarme y contagiarme de su espíritu de lucha y creer que la mano del Señor, el Dios de los imposibles, no se ha acortado para hacer cosas extraordinarias. Y pretende ofrecerte algunas de las herramientas y principios que me permitieron atravesar cada tempestad y valle de lágrimas aprendiendo a caminar en sanidad.

Cada página está dirigida a ti y a cada uno de los que se esfuerzan por curar heridas de su niñez y renovar las fuerzas ya perdidas o desgastadas. Es para aquellos que todavía esperan un milagro en sus vidas luego de la decepción; es para los que aguardan una segunda oportunidad o restaurar viejos errores; ya sea que recién comiences tu jornada o lleves un tiempo de dificultad.

Anhelo y confío que esta obra se convierta en tu acompañante, sea tu aliada en tu diario andar y te ayude a crecer. Disfruta cada relato y tómate el tiempo necesario para la reflexión. Toma las decisiones correctas que inclinarán tu corazón para cambiar con poder tus desiertos en manantiales de agua de vida.

Es mi oración que tu fe sea persuadida al ver lo que sucede después de la lluvia y que tu corazón tome aliento.

Tu amigo,
Jacobo

INTRODUCCIÓN

HAY MOMENTOS EN LA VIDA DONDE NUESTROS rumbos cambian y todo comienza a verse diferente. Este fue uno de esos momentos. Nos habíamos estado preparando por varios meses para este día. Todos, bien vestidos, llegábamos al decorado lugar que nos recibía a todos. La Navidad ya había tocado a la puerta, y entre luces y adornos, todos teníamos razones de sobra para celebrar. Era la fiesta de fin de año del ministerio de jóvenes de nuestra congregación. Nadie quería perderse ese momento. Era evidente la expectativa entre todos. Mi amada esposa Raquel y yo habíamos dedicado mucho de nuestro tiempo, junto a otros jóvenes, planificando cada detalle para asegurarnos que todo saliera bien. Se nos olvidó que hay detalles en esta vida que no seremos capaces de controlar, ni de anticipar.

En algún momento durante la cena, escuché a mi esposa decir: "Jacobo, la nena", mientras me la entregaba envuelta en una frisa. "¿Qué?", le contesté mientras la miraba confundido. Rápidamente percibí que en los ojos de mi esposa había una mirada inusual. Estaban cristalizados y llenos de espanto. Como si quisieran decirme algo que no podía descifrar. Tomé la niña en mis brazos y me percaté de su alta temperatura. Tenía fiebre. Cuando miré a nuestra pequeña Hosanna, de sólo un año y medio, me percaté que estaba temblando sin poder controlarse.

Era la primera vez que la veíamos bajo un episodio de convulsión. Todo su cuerpo se estremecía y no había forma de detenerla. En sus ojos sólo se distinguía el blanco de ellos y parecía que la pequeña se nos iba. El escenario era muy difícil. Era nuestra única hija, al momento, y no teníamos experiencia para enfrentar algo así.

Miré a Raquel y le dije: "Vamos". Sin avisar y sin explicar, tomamos todo y nos dimos prisa para llegar al hospital. Sólo había una pregunta presente, ¿cómo salimos de la fiesta sin causar un revuelo mayor entre los muchachos? Todos los chicos nos amaban y habían estado con nosotros durante el nacimiento de Hosanna. Le habían tomado cariño. Ella era parte del grupo y de la vida de todos ellos.

Sin embargo, cuando uno está en un momento de vida o muerte, no hay mucho tiempo para sentarse a coordinar y planificar. Sólo hay que actuar con fe conforme a lo que ya está en uno. Lo que Dios ha venido sembrando a través de cada temporada, conquista, adversidad, dolor y sequía, viene a ser útil en momentos como estos. Con cada temporada llegan lecciones inolvidables para el alma que provocan un depósito de gloria eterna que nos ayudarán a enfrentar futuros desafíos. Sin saberlo, esa noche me encontraba en uno de esos instantes.

Sin nada más que pensar, tomé a Hosanna en mis brazos firmemente y comenzamos a salir lo más rápido que pudimos. Tratamos de disimular lo que estaba ocurriendo, pero inevitablemente muchos se percataron de nuestra situación. "¿Todo bien?", escuché a uno preguntar. Sólo pude mirarlo, no había tiempo para contestar.

Ya estábamos en la calle cuando miré para ver cómo seguía Hosanna, cargada firme entre mis brazos. Su convulsión se tornaba cada vez más violenta y peligrosa. Parecía haber perdido conocimiento. Miré a Raquel y no pudo contener sus lágrimas. Nunca pensé que un momento como éste nos llegaría. Hice lo único que sabía hacer. Miré al cielo y clamé: "Dios, ¿qué hago?". Unos segundos parecieron una eternidad, mientras dirigía mi alma a Dios en medio de esta incertidumbre. Parecía que tenía el peso del mundo en mis manos.

Mirando al cielo, mientras oraba por la salud de la niña, le confesé a Dios: "Tú me la regalaste, y sólo tú te la puedes llevar". Escuché una voz interna que me susurró: "No he terminado con ella. Tiene propósito. Ve y corre por su vida". Estas palabras me dieron fuerzas que nunca pensé tener.

En ese momento, vimos llegar la provisión del cielo. Eran nuestros amigos Héctor (Blanco) y Milagros, que llegaban a la actividad. No tenían que estar, pero sintieron darse la vuelta. Ellos nos llevaron en su auto hasta el hospital, y por el camino Milagros, quien es enfermera de profesión, nos dio toda la asistencia que podíamos necesitar.

Gracias al cielo, nuestra Hosanna llegó a tiempo al hospital y, hasta hoy, ha continuado creciendo con mucha salud y favor de Dios. Aprendí algo poderoso esa noche. En medio de la tormenta, Dios *siempre* hará provisión.

Muchas veces, pensamos que tenemos todos los recursos para conquistar los momentos difíciles de nuestra vida, pero no es así. En ocasiones, es en medio de la adversidad que descubrimos una fuente de provisión que jamás hemos encontrado. Es Dios mismo el que te visita y te hace ver que su fidelidad sigue presente, su amor no acaba y su cuidado está a tu lado.

Después de todo lo ocurrido, estuve durante la noche sentado en la sala de espera de la sala de emergencia del hospital. Estando allí, comencé a recordar lo sucedido, y la gran sorpresa que me di. Nunca pensé estar preparado para una noche como ésta. Siempre pensé que el día que me tocara vivir algo así, no sabría qué hacer. Me di cuenta que sí, Dios me había preparado para una hora como ésta. Dios me dirigió y supe qué hacer. Me había enfrentado a mi primer gran reto como padre y había salido airoso.

Este no había sido mi primer valle de adversidad en la vida, sólo que en esta ocasión, algo era diferente. Me percaté que había reaccionado y actuado muy distinto a cómo solía reaccionar antes en los tiempos de dificultad. Mi actitud era muy distinta. Dios me hizo entender algo que me trajo tanta sanidad y reposo. Cada momento de dificultad que había tenido en mi vida me había preparado para enfrentar los valles de lágrimas como éste. Había pasado tanto tiempo en mi vida quejándome y peleando por cada momento de soledad, incomprensión, desilusión y escasez, pues no entendía por qué Dios los permitía.

No fue hasta esa noche que muchas cosas en mi vida comenzaron a tener sentido. Allí en la sala de espera aprendí que Dios nos permite cambiar nuestros valles de lágrimas en fuente y que todo lo que experimentamos te puede ayudar para bien.

> Y sabemos que a los que aman a Dios, todas las cosas les ayudan a bien, esto es, a los que conforme a su propósito son llamados.
> —Romanos 8:28

Comprendí que todo lo que había vivido hasta el día de hoy, en lugar de destruirme, era para fortalecerme. Había llegado un momento clave para mi vida. Ya no tendría que permitir que mi pasado o circunstancias determinaran mi futuro. Entendí que la gracia de Dios sobre mi vida puede cambiar todo para bien. Esto me liberaba de tanto peso que había arrastrado por mucho tiempo. Me permitía tomar valor para enfrentar cada gigante que quería detener mis pasos. Allí sentado empecé a ver mi vida muy diferente.

Verás siempre pensé que muchos de los momentos de soledad que había experimentado en mi vida eran tiempos perdidos, hasta que Dios me enseñó lo contrario. Recordé que había aprendido que 10 por ciento de la vida es lo que te sucede y 90 por ceiento es cómo reaccionamos a lo que nos sucede. Lo que hacemos en medio de lo que vivimos tiene mucho más peso que lo que nos ocurre.

Por eso he decidido aprovechar cada momento de soledad, rechazo, adversidad y dolor para ver a Dios, para crecer en lo que Dios quiere que yo crezca y para dar fruto en medio de la adversidad. ¿Se puede dar fruto? Claro que sí. De eso precisamente se trata, de descubrir la esperanza y el poder en medio de la adversidad.

En medio de esa noche oscura, recibí una lección que revolucionó mi vida. Cada valle de dolor y de lágrima que he tenido, y aún los que viviré, Dios lo usa siempre para enriquecer mi vida. Sin embargo, yo debo decidir cambiar mis valles de lágrimas en fuente.

Esta experiencia me ayudó a ver mis batallas pasadas diferentes y mis luchas futuras con una mejor actitud. De esta experiencia, decidí hacer un ejercicio que me ha bendecido hasta el día de hoy. Comencé a recopilar las lecciones que obtengo de cada momento de dificultad vivido.

Comencé una travesía que trasformó mi caminar. Aquí te presento alguna de esas lecciones. Espero que en cada una de ellas puedas escuchar la voz de Dios llamándote a libertad, como yo he podido escucharla.

Capítulo I

ENTRE NUBARRONES GRISES

Y A NADA ERA IGUAL DESDE QUE AQUELLOS nubarrones grises se posaron sobre ellos. Y, aunque pensaron que sería la última vez que avistaran en el horizonte un día oscuro, no fue así... Intentaron vivir la vida como si jamás hubiera ocurrido nada. Se abocaban a las tareas habituales y a la rutina diaria, en tanto que uno y otro añoraban aquel tiempo y lugar de ensueño. En ocasiones, él se acostaba por las noches imaginando que tal vez, la pesadilla acabaría. Su corazón albergaba la esperanza que quizás todo habría cambiado al día siguiente. Mientras recostaba su cabeza en la almohada contemplaba a su amada. Era imposible que no resonara en su memoria aquellas caminatas que solían dar juntos como si todo hubiera transcurrido en una eterna primavera. Sin embargo, cada vez que procuraba compartir esos recuerdos con ella, el ambiente se tornaba tenso e incómodo.

La comunicación había perdido la fluidez del principio. No concebía que una salida fuera posible para ellos. La relación entre ambos se había quebrado. Ambos sabían que se amaban, pero su mirada reflejaba la cicatriz de que las cosas habían cambiado. Por eso, cada vez que buscaba hablar del pasado, todo sucumbía a su alrededor.

Había aprendido el arte de permanecer callado, aún cuando tanto por decir abundaba. Guardar silencio era imposible, sobre todo cuando las preguntas se agolpaban en la mente y abrumaban el corazón. Lo curioso es que no era el único sometido a tantos sentimientos encontrados. Ella también estaba atravesando la misma crisis.

¿Qué se supone que uno de los dos pudiera hacer después de tan grave error? ¿Cómo continuar los días como si nada hubiera sucedido? ¿Cómo se reconstruye una vida que se balancea entre ruinas y escombros? Lo más sensato para él fue permanecer en silencio.

Aunque ansiaba descansar y dormir toda la noche, el dolor en su costado no le permitía hacerlo. El sol ya no brillaba como antes y la vegetación no tenía ese peculiar aroma que la caracterizaba. Tampoco su color cautivaba su atención. Las aves que surcaban el cielo y solían despertarlo con su canto tampoco aparecían. Todo era ausencia y mudez. ¡Qué difícil era ver cómo la realidad caprichosa clamaba por lo que ya no tenía!

De repente, reconoció la silueta de sus hijos que se distinguía a lo lejos. Levantó su cabeza, tomó aliento y con decisión encaró el día. Con orgullo y una sonrisa en el rostro contempló a los dos jóvenes en tanto que se preparaban para el encuentro que cada mañana la familia compartía.

Les hizo una señal; y luego, todos se acercaron. Primero, acudió Abel con gran disposición. Luego, Caín. Por alguna razón que todavía no conocía, hoy estaba más introvertido que de costumbre. Al cruzar sus miradas se dio cuenta que algo había sucedido. Pero sin dar lugar a las suposiciones, inmediatamente pensó que su conducta era producto del silencio general que afligía a toda la casa. Todo era evidencia más que suficiente que las cosas habían cambiado.

Sin embargo, los abrazó y los bendijo. Buscó a Eva, la bendijo también y mirándola a los ojos intentó tranquilizarla y le aseguró que todo marchaba bien. Sus ojos entonces, brillaron en medio de tanta oscuridad. Volteó y observó nuevamente a sus hijos, y orgulloso de ambos les expresó cuánto bien les hacía como padres verlos ir juntos a ofrecer holocausto de adoración a su Señor.

Ninguno de los muchachos sabía lo que su nacimiento había significado para Adán y Eva. Ellos eran la renovación de confianza que Dios había depositado en sus padres una vez más, cuando todo parecía perdido. Cuando pensaron que habían sido descartados y rechazados por el Señor, Eva concibió y dio a luz a Caín y luego a su hermano Abel. Como rocío en tierra seca y como abrazo justo a tiempo, así fue la llegada de ambos. Tanto Adán como Eva necesitaban un refrigerio. Caín y Abel fueron el sello de sanidad que les recordó que era posible salir del valle de lágrimas a tierra espaciosa.

Las horas pasaban inadvertidas. Nada se salía de la rutina. Eso era precisamente lo que más incomodaba. Los cuestionamientos y las dudas asaltaban su mente. No estaba dispuesto a continuar con esta situación. Así que de regreso al hogar tomó la decisión de romper el silencio en el que estaban sumidos. Había llegado el momento de hablar.

SOBRE LLOVIDO, MOJADO

Todas las tardes, al caer el sol, retomaba el mismo camino hacia su casa. Cabizbajo y enredado en sus dudas e incertidumbres, había emprendido la caminata empapado en el sudor de la jornada. Pero una vez más, y sin vacilar, Eva lo esperaba en aquel jardín donde ya las flores parecían morir sin cuidado. Al encontrarse uno frente al otro, se abrazaron. No imaginaban que sus vidas atravesarían otro valle de lágrimas. Aunque la tierra nunca antes había bebido del agua de sus nubes, sobre ellos la lluvia volvería a caer.

Aún la cena no estaba lista cuando ambos recibieron una noticia inesperada. Su hijo Abel, el pastor de ovejas, había muerto. Y Caín, el labrador de la tierra, había desaparecido huyendo.

Hacía algún tiempo, los dos jóvenes habían traído una ofrenda a Jehová. Abel trajo de los primogénitos de sus ovejas, lo más gordo de ellas. Mientras Caín trajo del fruto de la tierra. Sin embargo, el Señor miró con agrado a Abel y su ofrenda, por lo que Caín se enfureció y entristeció. Así que desde ese momento guardó rencor en su corazón. Luego de un tiempo, Caín le dijo a su hermano Abel que salieran al campo. Y levantándose contra él, lo mató.

Súbitamente las palabras faltaron. El corazón se detuvo por unos instantes; y aunque pretendía recuperarse, no hallaba las fuerzas ni el deseo para continuar latiendo. No había lágrimas suficientes para un día tan oscuro como el que estaban viviendo. El silencio finalmente, los arropó una vez más. Caín había terminado con la vida de su hermano menor en un abrir y cerrar de ojos.

Nada tenía sentido. El rostro de Adán no tenía expresión alguna. Las preguntas desfilaban una tras otra sin respuesta alguna. Adán y Eva rompieron a llorar. Aquello que se había convertido en el bálsamo para el alma herida, ahora los sumergía en el valle de la desesperación.

Adán buscó dentro de sí las palabras que pudieran responder a tan tremenda pérdida. Eva, en cambio, se desplomó sobre sus pies. Sentía el peso del mundo caer sobre sus hombros ya cansados y agotados. No sabía cómo enfrentar la realidad que los rodeaba. Le pedía ayuda a Adán, pero él tampoco lograba hallar

el consuelo. Sin tener nada que decirse, aceptaron su desazón. Estaban otra vez
en el principio, bajo la lluvia.

El dolor del quebranto sólo era igualado por el dolor de la culpa. Quebranto, porque sus hijos amados estaban ahora desaparecidos. No los
recuperarían jamás. Caín había arrebatado la vida de su hermano. Y ahora
él mismo, había sido desterrado. Era el maldito de la tierra, un errante y ex-
tranjero en ella. Sentía culpa, porque su corazón se dividía entre extrañar a
Abel y el deseo de retener a Caín. Sus dos únicos hijos les habían sido quita-
dos. Tanto Adán como Eva sabían que en el huerto del Edén habían abierto
una brecha por las que sus malas decisiones habían alcanzado a sus hijos.

La noche los sorprendió y Adán, ya sin fuerzas, interrumpió el silencio
preguntándole a Eva hasta cuándo continuaría este dolor. Ambos pensaban
que su pérdida en el Edén ya era suficiente. No podían olvidar los tiempos
en que solían caminar seguros y confiados en que Dios no les permitiría
sufrir en ningún modo. Vivían bajo sus alas, pues el Señor era su refugio.

Eva entonces, levantó su mirada y sin consuelo dejó entreabrir sus labios
para pronunciar su sentencia: «Quizás nosotros debamos ser merecedores de
pasar una vez más por este valle de lágrimas... Pero nuestros hijos, no. Ellos
no fueron los que decidieron escuchar la voz de la serpiente. No fueron sedu-
cidos por aquel sutil y letal ofrecimiento. ¡Yo lo hice!». Ante semejante juicio,
Adán no pudo contenerse más y dijo: «Eva, los dos hemos sido responsables.
No continúes reprochándote ni castigándote. Ya no puedo soportarlo más.
Todos los días de mi vida me pregunto qué hubiera sucedido si en ese momento hubiese estado contigo. Esta agonía y dolor no es solo tuyo. Yo no
supe asumir mi parte en todo esto. No velé por ti cuando tenía la capacidad
y el honor de cubrirte. Cada día lucho con el peso de esta carga».

Entre sollozos, Eva lo miró y le confesó cuánto dolor le causaba verlo
cada mañana pensando que tal vez las cosas serían distintas. Su indiferencia
y sus silencios solo la hacían sentir más culpable y recordar lo que en algún
momento habían tenido y ahora no.

Con sus ojos bañados en lágrimas, firme y determinada, salió y corrió
hacia aquel lugar donde cada uno de los integrantes de la familia se reunía
cada día. Tomó con cuidado los elementos que allí estaban; y derramó su
tristeza delante de la presencia del Señor. Era el sitio donde tantas veces
había presentado su corazón, sus deseos, sus anhelos; pero también, donde
había enjugado sus lágrimas. Se lanzó al suelo; y una vez postrada en tierra,

como solo una hija sabe rendirse ante su Dios, ofreció a su Padre la mejor ofrenda que jamás pudo haber brindado. Eva había acudido al lugar donde todo muere, pero también todo comienza y nace de nuevo en una esperanza renovada en Dios: Su Presencia.

Adán, sorprendido y aturdido todavía, corrió tras Eva. Ambos entendieron que debían volver al principio para que el Señor transformara el valle de sombra en una fuente inagotable que brota de su presencia.

Aunque no lo veamos, el sol siempre está...

Los días transcurrieron sin prisa. Todo parecía seguir su curso normal. El riguroso silencio del invierno exigía quedarse. No obstante, una canción de amor se había despertado en los corazones. La falta de comunicación intentó despojarlos de su confianza. Mas lo que había ocurrido delante de la presencia del Señor fue determinante y suficiente para recuperar la relación que el Creador y su criatura lograron desde el principio de los tiempos.

Un día, al caer el sol de la tarde, Adán iba de regreso a casa. Con los pies cubiertos del polvo del camino, avanzaba paso a paso por el sendero. Sus recuerdos venían una y otra vez. Todavía resonaban frescos en su memoria. ¡Cuántas veces el Padre había venido a hablarles! ¡Incluso al querer huir del huerto! En aquel día oscuro, su voz inconfundible también los había alcanzado. Su amor los abrazaba, pero por alguna razón que luego entenderían, sus cuerpos ahora desnudos, experimentaron una sensación desconocida. No pudiendo soportar su vergüenza y con el mayor de los impulsos, Adán y Eva habían huido lo más lejos que pudieron.

El lugar de encuentro siempre estaba preparado. El Padre se paseaba mientras con ansias aguardaba la llegada de sus hijos. Su voz, como estruendo de muchas aguas, hacía eco al llamarles. Sin embargo, ni Adán ni Eva acudieron a la cita. Esto era inusual. Nunca había pasado algo así. Una extraña y particular brisa envolvía la tierra. El Padre buscó en los jardines hasta que en el horizonte pudo percibir la bruma; y en medio de ella, las siluetas de quienes intentaban huir de su presencia. El huerto no había sido creado para escapar de él, sino para habitar con el Señor. Finalmente les salió al encuentro. Adán procuraba no mirarle; mientras Eva escondía su rostro intentando escabullirse detrás de Adán. El Padre esperaba alguna explicación sobre lo que allí estaba sucediendo. Pero ninguno de los dos podía pronunciar alguna palabra coherente. Cuanto más pretendían esclarecer, todo se ensombrecía. Uno y otro tropezaban con sus propios argumentos y justificaciones.

Por un instante, el Padre guardó silencio. Eva entonces, tomó la mano de Adán y sujetándola con la de ella, ambos esperaron lo peor. La muerte era inminente. Con dolor en su corazón, el Padre les expresó las consecuencias de sus decisiones. Sus palabras tronaban como sentencias. Ya no podrían disfrutar del Edén ni de la comunión con el Señor. Era evidente que un cambio radical se avecinaba en sus vidas.

Extendió su mano de amor y les entregó unas túnicas hechas de pieles para ambos. Y con amor, les afirmó que no los dejaría solos a pesar de todo. Él los cubriría con su misericordia cada mañana.

Todo aquello parecía lejano, sin embargo, en sus recuerdos cobraba vigencia día a día. Lo único que Adán podía hacer era sonreír. El paso de los años había surcado su rostro, pero ahora se iluminaba y brillaba al ver el amor de su Dios a pesar de su desobediencia. Todo lo que había acontecido en los últimos días sólo podría enfrentarlo con el gozo y la fortaleza que viene de lo Alto. Dios ya lo había visitado en medio de la soledad y el dolor al cubrir su desnudez en el Edén. Hoy lo estaba haciendo otra vez. Nada podría compararse con tener la cobertura del Señor.

Eva iba recuperándose poco a poco. Ahora disfrutaba de la estación nueva. Dedicaba tiempo al jardín de la casa. Regaba los cultivos recién sembrados. Las plantas florecían y con ellas, su relación con Adán. Cada tarde lo esperaba y observaba mientras bajaba de la colina. Desde que habían vuelto a buscar la presencia del Señor algo se gestaba entre ellos. El aroma fresco de las flores los rodeaba. Y al encuentro, se abrazaron. Caminaron juntos hacia el interior de la casa. La cena estaba lista; así que se dispusieron a comer.

Eva no podía contenerse más. Sus ojos destellaban una luz diferente. Sin rodeos comenzó: «Adán, ¿recuerdas cuando en medio de la lluvia el Señor vino a vernos? Sus palabras infundían confianza en nuestro corazón. ¿Y los atuendos que nos dio? Fueron muestras de que Él no nos abandonaría a pesar de todo lo que había ocurrido. Adán, Dios nos ha visitado una vez más. No nos dejará ni nos desamparará. Está renovando su misericordia, amor y confianza nuevamente sobre nuestra vida. Serás padre otra vez. El Señor te está confiando otra simiente». Adán no podía salir de su asombro. Maravillado por lo que estaba escuchando puso su mano en el vientre de Eva. Un gozo inexplicable invadía todo su ser. Sentía cómo la carga de tantos años se desvanecía y se desprendía de sus lomos. Ambos se perdieron en un abrazo que lo decía todo. Adán entonces, preguntó: «¿Has pensado en algún nombre?». Eva le respondió que sí. Su nombre sería Set, esto es «Sustitución»; pues el Señor había venido a sustituir, a reemplazar.

La tristeza se había convertido en danza, el lamento en gozo y tantas lágrimas derramadas, en nueva canción. El Señor los había visitado en medio del desierto; y les permitió ver su sequedad tornarse en tierra fértil y deseable.

La lluvia había pasado. El sol comenzaba a brillar con la intensidad que durante tanto tiempo habían esperado. Luego de la espesa oscuridad, el destello del sol se encontraba intacto y asomaba en el horizonte. Estaban entendiendo que las noches nunca son eternas.

Luego de tantos días llenos de lluvia, el sol comenzó a brillar con la intensidad que tanto habían anhelado. La misma que hace que los antiguos caminos inundados vuelvan a resurgir. Después de tantas noches oscuras, el destello del sol se divisó en el horizonte. Finalmente entendían que las noches nunca son eternas. Aunque no lo veían, el sol siempre había estado allí…

Capítulo II

AL CAER LA LLUVIA

TODOS NOSOTROS HEMOS CAMINADO BAJO LA LLUVIA en algún momento de nuestra vida al igual que Adán y Eva. En el huerto del Edén y unidos a Dios, disfrutaban de seguridad, estabilidad y bienestar. Todas sus necesidades eran cubiertas y se deleitaban en una relación íntima con el Señor. Sin embargo, todo aquello pareció desvanecerse cuando decidieron escuchar la voz de su propio corazón y no la voz de Dios. Al menospreciar el regalo de la comunión con el Padre, todo cambió, y con ello su destino y el nuestro. La lluvia pareció acompañarlos a partir de ese momento y no ha dejado de hacerlo hasta hoy. El peso y las consecuencias de la decisión que tomaron Adán y Eva han trascendido a lo largo de los siglos y alcanzado tu vida y la mía. Entonces, ¿qué actitud tomamos cuando la lluvia se convierte en un gran diluvio sin fin?

Muchos hemos observado nuestra vida cambiar en apenas segundos. Lo que provocó el vendaval nos dirigió súbitamente al valle de la desesperanza, de las lágrimas y el quebranto, del cual algunos todavía intentan desesperadamente escapar. Hogares devastados, hijos abandonados, fracaso matrimonial, abuso sexual, muerte inesperada, infidelidad, estrechez económica, una traición, violencia doméstica, enfermedades, divorcios; éstas son apenas algunas de las puertas que han llevado a transitar un largo camino de dolor y lágrimas. Cada experiencia es diferente, pero no cabe ninguna duda que los aguaceros nos han sorprendido a lo largo del tiempo. No obstante, muchos son los que aún se preguntan cómo un Dios que es amor, puede permitir que cientos de situaciones toquen a nuestra puerta de generación en generación y vivamos en medio de grandes tormentas.

Pues pensemos entonces por un momento. La unión de Adán y Eva fue diseñada y preparada por el Señor. Fue Él quien preparó una compañera para que el primer hombre no estuviera solo. Adán no tuvo que inspirarse para conquistar a Eva. No fue necesario que la invitara al cine, o que tuviera profundas conversaciones con ella para conocerse. Por el contrario, Dios se encargó de los más delicados detalles.

¡Qué dichoso fue Adán! ¿Verdad? Su hogar comenzó en el huerto del Edén, ajeno al dolor, el llanto o la tristeza. Edén viene del griego «paradeisos», que significa «un lugar placentero». El huerto del Edén no era otra cosa que un lugar de plena satisfacción. Es inconcebible pensar que dicho lugar también sufriera de contratiempos y adversidades. Pero también se vio afectado. Todo comenzó en el momento en que decidieron escuchar a la serpiente, en lugar de escuchar la voz de Dios.

Aún hoy la serpiente intenta atraparnos con nuevas estrategias de seducción y manipulación. Es la voz que nos atrae, incita e invita a abandonar a Dios. Es el argumento que insiste en nuestra mente a resistirnos al perdón. Es el sutil convencimiento que nos hace creer que la verdad de Dios ya no es suficiente. La serpiente trae razonamientos muy parecidos a la verdad, pero envueltos con delicados y mortales destellos de confusión. La serpiente se especializa en medias verdades que nos apresan y limitan. Adán y Eva tenían todos los árboles a su disposición para disfrutar; de todos, solo uno no debían tocar. La serpiente se enfocó y llamó su atención precisamente sobre el único árbol que les había sido prohibido. De esta manera, daría la impresión que la frontera puesta por Dios era limitarlos en vez de cuidarlos.

Un argumento bastó para distorsionar la verdad. Cuando este pensamiento entró en sus mentes, y lo sostuvieron lo bastante como para creerlo y justificarlo, entonces fueron confundidos, convencidos y persuadidos por la mentira. ¿Tendrás acaso tú alguna fortaleza en tu mente que te ha estado alejando del Señor? Pues la única solución posible es que lleves los pensamientos que se han levantado en contra de la verdad de Dios a la obediencia al Padre. Enfréntalos con su verdad y serás libre.

Desde el día en que el hombre y la mujer decidieron responder a la voz de la serpiente, le dieron la espalda a Dios. Y con ellos, las lluvias y tempestades, con su dolor y sinsabor, no han dejado de estar presentes hasta nuestros días. Cabe señalar que a partir del momento en que se abrió la puerta al pecado, provocó que nuestra vida transitara los valles de desolación y muerte. El pecado de nuestros padres nos expuso al dolor y el quebranto. El Señor conocía cuáles serían las consecuencias de la desobediencia al tomar decisiones erradas. Por este motivo es que le advirtió tanto a Adán como a Eva, que del árbol de la Ciencia del Bien y del Mal no debían comer. Si así lo hacían, ciertamente morirían.

> «Y mandó Jehová Dios al hombre, diciendo: De todo árbol del huerto podrás comer; mas del árbol de la ciencia del bien y del mal no comerás; porque el día que de él comieres, ciertamente morirás
>
> —Génesis 2:16-17

COMUNIÓN SIN LÍMITES Y CREACIÓN CON LÍMITES

Dios conocía muy bien las consecuencias de las acciones de nuestros primeros padres. ¿Quién mejor que Él para conocer los límites de su creación? Por esto, al confiarles el huerto resultó muy claro al determinar cuáles eran las expectativas que Él tenía con ellos. El Señor estableció parámetros específicos en el huerto para evitarles futuros problemas a sus hijos.

Del mismo modo, cada uno de nosotros debemos comprender que las inclemencias de la vida no son una señal de abandono por parte de Dios, sino consecuencia del pecado de quienes nos precedieron. Por lo que toda decisión que tomamos tiene consecuencias favorables o no.

Una comunión tan poderosa como la que compartían Adán y Eva, requería de fronteras muy precisas para ser disfrutada por seres tan frágiles como nosotros. Solo el Señor podía comprender los cuidados que esa relación necesitaba. Era imperioso establecer linderos bien definidos para conservar nuestro más rico tesoro: la comunión con el Creador. Se trataba nada más ni nada menos que una manifestación preciosa del amor de nuestro Dios. No hay mayor satisfacción para el corazón que la cercanía de Dios en nuestra vida.

La primera razón por la cual estamos expuestos al dolor es el pecado original. La segunda, es que de acuerdo a lo que sembremos así recogeremos. La ley de la Siembra y la Cosecha está vigente hoy para nosotros. Es una ley espiritual y universal a la que nadie escapa, por lo que se aplica a todos por igual. No se trata si queremos o no, cada individuo está sujeto a ella. El dolor, la traición, la decepción, la enfermedad, a la que te enfrentas cada día no es por causa de Dios. Es la cosecha del pecado que Adán y Eva sembraron en el Edén sumado a las decisiones equivocadas que tú y yo tomamos a diario. Como muestra de ello sobra un botón. Un padre que abandona su familia produce en el hijo un gran sentido de abandono. Ese niño crece embargado en el dolor y con el deseo latente de encontrar un lugar de pertenencia. En su necesidad, comienza a compartir tiempo con un grupo de amigos que consumen drogas. Un buen día, aquel niño que se convirtió en un muchacho, decide robar para costearse lo que ya es parte de su vicio. En el atraco le quita la vida a un padre de familia, quien deja una viuda y huérfanos a sus hijos. El dolor que no se aprendió a canalizar, tarde o temprano produce más dolor. Es una cadena que debe ser rota, porque de lo contrario alumbrará más desmanes.

El Señor está buscando personas que se animen a transformar sus valles de lágrimas en fuentes de bendición. Acaso, ¿serás tú uno de ellos?

MENSAJE PARA EL CORAZÓN

Cada lluvia que humedece nuestro alrededor grita al corazón la debilidad que habita en nosotros. Esto es una clara manifestación de la caída del hombre, ya que nuestra humanidad clama por regresar a Dios. Venimos de Dios y volvemos a Él. Solo de esta manera nuestra vida cobra sentido. Dependemos de nuestro Creador. Nuestra vida necesita ser saciada. El pecado distanció al hombre de Dios, y lo despojó de su seguridad, de su confianza y de su protección. Ahora, todos experimentaremos agonías e infortunios, como marcas en esta tierra, de nuestra constante necesidad de Dios.

En los escritos de Isaías, el profeta habla de la condición del corazón caído y relata lo siguiente:

> Todos nosotros nos descarriamos como ovejas, cada cual se apartó por su camino (…)
>
> —ISAÍAS 53:6A

Cuando Adán y Eva se encontraron con la realidad de quienes eran sin el cuidado de Dios les sobrevino temor. En vez de acudir a Dios, el miedo los condujo a huir de su presencia.

> …Oí tu voz en el huerto, y tuve miedo, porque estaba desnudo;
> y me escondí
>
> —GÉNESIS 3:10

La respuesta a su condición estaba en el Padre; sin embargo, en su interior algo los impulsaba a alejarse de la única fuente inagotable de recursos que podía brindarles ayuda.

Es curioso, pero he aprendido a observar que una de las características que distingue a las personas que saben pasar por los valles de lágrimas y tornarlos en bendición, son aquellas que aprenden a encarar su dolor. Nadie es capaz de vencer lo que no se enfrenta; y no se puede enfrentar aquello que no se acepta. Ésta es una verdad poderosa. Todo se origina cuando se renuncia al síndrome de la huída. Por eso, cada vez que mis piernas pretenden traicionarme para salir corriendo, me detengo y me digo a mí mismo: «Ésta es tu hora, es el momento de definirte».

EL PESO DE LA CULPA

Era un día común y corriente. El sol estaba a pleno y el día proyectaba ser tan caluroso como solía ofrecer nuestra ciudad en Puerto Rico. Mientras nos acercábamos a la escuela, el tráfico se congestionaba cada vez más. Navegando en el Buick —un automóvil clásico de los años 80—, poco a poco nuestra madre capitaneaba el esfuerzo por llevarnos otro día más a la escuela.

Al llegar, se abrieron las puertas frente a la imponente escalera de la institución. Allí me despedí tan rápidamente como pude, tratando de evitar el incómodo beso maternal delante de mis compañeros. Ya no estaba para eso, pero tampoco tenía el coraje para decirle a mi madre cómo me ruborizaba esa situación. No pretendía herir sus sentimientos. Su corazón de madre no le permitía darse cuenta que su niño ya estaba pisando el umbral de la adolescencia. Eran apenas nueve años; pero yo creía que estaba muy grande para esas cosas de niños. No obstante, todos mis esfuerzos fueron frustrados, ya que cuando menos lo esperaba quedé atrapado entre los brazos de mi madre y su particular beso de despedida. Por supuesto que a esto debía agregarle todos los recordatorios, habidos y por haber, sobre las meriendas, las asignaciones y las consabidas advertencias de pasar lo más lejos posible de la oficina de la dirección. ¿Sabrás a qué me refiero, verdad?

Busqué entre la multitud de todo el alumnado hasta dar con mi grupo. Comencé a subir la escalera como soldado que regresa a su batallón. Mientras los saludaba a la distancia, de repente me distraje con el grito de un niño que bajaba los peldaños corriendo. Lo escuchaba quejarse y tocarse la espalda. De inmediato supuse que se trataba de un juego. Seguramente alguien le estaba jugando una broma. Hasta me sonreí. Pero la camisa con el estampado oficial de la escuela develó que era más que una simple broma. El azul del uniforme comenzó a perderse entre el rojo de la sangre que destilaba por la herida.

Levanté la cabeza y pude ver varios chicos que huían y se perdían entre la multitud. El herido fue trasladado inmediatamente a la enfermería, mientras la campana anunciaba el inicio de clase y nos obligaba a entrar a los salones.

A pesar de aquel suceso, el día transcurría con normalidad. No obstante, mi mente no podía dejar de pensar en quién habría sido el responsable de semejante brutalidad. Ninguno de nosotros tenía su cabeza en las matemáticas o el inglés. La única materia que nos interesaba era historia. Pero en este caso, la gran historia del día: el estudiante herido en batalla.

Durante el día las versiones no se hicieron esperar. Repetíamos una y otra vez lo ocurrido. Muchos me preguntaban cuál había sido mi impresión debido a la cercanía en la «escena del crimen». Me convertí en el corresponsal oficial de lo ocurrido, o mejor aún, en el testigo estrella. Cada estudiante tenía una explicación para lo sucedido. Algunos creían que algo misterioso del cielo había caído sobre el niño. Otros aseguraban que en la escuela había una pandilla que ponía en peligro la seguridad de los alumnos. Uno se atrevió a decir que eran los rusos, aunque su teoría presentaba muchas contradicciones y no resultaba consistente. Finalmente, hasta los vampiros tuvieron su parte. Cada uno creía tener una hipótesis que sirviera para esclarecer lo acontecido.

Unos cuantos días después, justo cuando estábamos listos para regresar a casa, sucedió lo inesperado. Entre los estudiantes trascendía que se había abierto una investigación en la escuela y que un grupo de detectives estaba a cargo del caso. Todo parecía acontecer como en las series policiales. Esto era lo más significativo que había acontecido en la escuela. Los investigadores comenzaron su labor entre los estudiantes. Y algunos optaron por asomarse a la puerta del salón de ciencias. Su aparición provocó el silencio que la maestra había deseado durante todo el año. Tenían consigo una lista de nombres. Entre ellos surgió el mío.

El temor me invadía. Pero con todo, acudí con naturalidad porque suponía que querían escuchar mi versión de los acontecimientos. Era obvio que todos conocían cuán cercano había permanecido de aquel niño. Nadie podía abundar tanto en detalles como yo. Rápidamente, y con la seriedad que ameritaba la situación, nos indicaron que al chico lo habían trasladado al hospital para someterlo a una intervención y poder extraerle el objeto desconocido que había penetrado su piel. Mi rostro reflejaba preocupación e interés por lo que estaba escuchando. Así sucedía en las películas. Pero para asombro de todos, nos comunicaron que ya tenían a un sospechoso y posible responsable. Las miradas se centraron en mí, pues el niño me había señalado como el autor principal del ataque. No entendía lo que estaba sucediéndome. Pero era un hecho que debía hacer una pausa y recoger mi mandíbula del suelo.

De inmediato me hicieron entrega de un papel. Era una citación para acudir al Departamento de Policía de la ciudad y ser interrogado por la investigación que se encontraba en proceso. Me dejaron bien en claro que yo era uno de los investigados. El silencio me envolvió y un sudor frío corría por todo mi cuerpo. Continuaban hablando y dando las explicaciones pertinentes, pero mi mente gritaba y aunque el seguía hablando ya yo no podía escuchar nada más. Lo único que mi mente calladamente intentaba responderse: ¿Qué?, ¿Cuándo?, ¿Dónde?, ¿Cómo le voy a explicar esto a mis padres?

Todos mis pensamientos se aglutinaban en una sola cosa: la investigación policial. ¿Qué pasaría a partir de ahora? Hoy por hoy, confieso que pensé lo peor. Mi primera reacción fue la que podía elaborar la madurez de un niño de 9 años. El plan estaba trazado. Tan pronto como sonara la última campana de la escuela, me pondría la mochila al hombro y emprendería la carrera hasta caer la noche. Era un plan muy elaborado como alcanzarán a ver.

Al sonar la campana, corrí. Cuando me encontraba bajando las escaleras, me topé con la puntualidad de mi madre. Y, ¿ahora qué?

> ### El temor es la anticipación del dolor.
> PLATÓN

De regreso a casa procuraba encontrar las palabras que pudieran explicar cómo había terminado implicado en semejante enredo. Cualquier frase resultaba insuficiente. Ciertamente me iban a desheredar. Al menos eso pensaba. Imaginaba las noticias en la prensa: «Hijo de pastor arrestado por herir a un compañero en el colegio». Dejé que pasaran varios días, pero finalmente me vi obligado a hablar. Cuando mi madre fue a buscarme esa tarde le confesé todo lo que estaba pasando. Ella me dijo que debía hablar con mi padre. Aguardé en mi cuarto hasta que mandó llamarme. Estaba preparado para lo peor. Había pensado en despedirme de mis hermanos, de mis juguetes y de la casa. El temor había logrado sentenciarme y paralizarme. Sin siquiera sospechar cuál sería el veredicto, lo único que quería era huir. Sabía que no había tenido participación en el ataque a ese niño; pero el temor era tal que me sentía totalmente desprotegido. Había estado en el lugar equivocado en el momento equivocado. En mis pensamientos había tal confusión que me auto incriminaba.

Gracias a Dios, mis conjeturas resultaron erróneas. Mis padres me escucharon atentamente y decidieron acompañarme a la escuela. El sentimiento de desprotección y desnudez quedó anulado y sustituido por el de seguridad y confianza.

En medio de todo el operativo el verdadero responsable confesó. Todo había sido parte de un juego que se tornó en una broma muy pesada. A pesar de la herida, el niño se recuperó velozmente. Hasta el día de hoy admiro al muchacho que tuvo la valentía de aceptar su error públicamente. Él y sus padres aceptaron la responsabilidad. Nuestra culpa fue quitada y todos regresamos a nuestra vida normal. Créanlo o no, ese fue nuestro tema de conversación por mucho tiempo.

ADÁN ENCUBRE SU CONDICIÓN

Al huir, una de las herramientas que usamos es la de pretender ocultar nuestra realidad. Disfrazamos nuestra debilidad escondiéndola detrás de una máscara. Lo interesante es que en la mayoría de las ocasiones, los escondites escogidos solo pueden maquillar la realidad. Como diría el poeta de la canción popular:

Recuerda, se ven las caras pero nunca el corazón.
El plástico se derrite si le da de lleno el sol.

Un hombre impulsivo, no es otra cosa que un ser herido intentando esconderse detrás de la violencia y tratando de huir de los abusos, de los temores y de los sentimientos de haber sido dominado. Por lo que ahora prefiere someter antes que alguien procure dominarlo primero. De esa manera mantiene firme su barrera de protección y nadie ve su herida. Una persona con sentido de falta de atención podría pasar toda su vida tratando de hallarla a través de las posesiones que acumulara. Pero no podría engañarse a sí mismo ni a Dios.

¿Qué parte de tu corazón todavía está buscando una guarida? Si miraras atrás te darías cuenta que todo comenzó el día en que alguna situación en la vida te hizo sentir desnudo. Cuando Adán escuchó la voz de Dios dijo: «Tuve temor y me escondí».

El temor lo llevó a encubrirse. ¿Cuántas cosas habrán pasado por la mente de Adán al escuchar la voz del Padre? Como los chicos que al jugar a la pelota ven la bola elevarse y alejarse hasta escuchar a la distancia el fatídico sonido del cristal roto. Y, por más que todos se miran por un segundo imaginando que fue solo producto de su imaginación, no lo es. Todo es muy real, y el cristal está quebrado. Al pensar en que tienen que dar explicaciones todos huyen y dejan la bola atrás.

¿Habrá asuntos que has perdido por no haber estado dispuesto a regresar? Adán y Eva estuvieron dispuestos a dejar atrás lo más preciado que tenían, la comunión con su Dios.

Aquel que anda escondiéndose nunca podrá recibir el abrazo sanador del amor del Padre.

Capítulo III

SU AMOR PERMANECE
PARA SIEMPRE

DURANTE TODO EL DÍA ESPERÁBAMOS ESE MOMENTO incomparable. Con esa adrenalina asistíamos a la escuela. Cada segundo contaba. Cada minuto nos acercaba a la hora final. El instante en que el reloj marcaba que la jornada escolar había terminado. La chicharra sonaba y todos salíamos de nuestros salones como una estampida.

Cuando llegábamos todos al vecindario, nos dábamos cita en el mismo lugar. Allí coordinábamos el itinerario de juego del día. Disfrutábamos cada tarde, pero el viernes era especial. Marcaba el comienzo del fin de semana. Los demás días debíamos cumplir primero con las tareas ya asignadas; al menos así era en mi casa. Pero los viernes tenían un sabor diferente. Al día siguiente no teníamos clase, por lo que todo lo hacía realmente especial. Jugábamos sin límites de tiempo y la hora de ir a dormir se extendía. Esto era un verdadero paraíso.

Todos los niños disfrutamos ese día a plenitud. A la mañana siguiente, me preparé para jugar y encontrarme con mis amigos. No obstante, ese sábado nadie había acudido a la hora señalada. Realicé pequeños intentos por jugar solo, pero era obvio que faltaba algo. A esta altura de los acontecimientos, cualquier cosa resultaría una buena excusa para salir de aquel pequeño apartamento.

Entonces mi mamá me pidió que le hiciera un favor. Yo estaba sobremanera dispuesto. La misión consistía en hacerle un mandado para mi tía. Ella vivía muy cerca de nosotros, en el mismo vecindario de pequeños apartamentos públicos en Puerto Rico, comúnmente llamados caseríos.

Pensé en el asunto y me acordé de aquella bicicleta que estaba estacionada en el patio. Mientras escuchaba las directivas que mi madre me indicaba, yo en mi mente hacía el plan perfecto. Mi mamá me aconsejó que fuera en mi bicicleta, pues la de mi hermano parecía ser todavía muy grande para mí. Pese a las advertencias de mi mamá, tomé la bicicleta que mi hermano habitualmente usaba. Le insistí en llevarla. Así que le mostré que tenía buen dominio. Finalmente me dijo: «Asegúrate ir por donde te hemos dicho». Asintiendo con la cabeza, me despedí. Solo había una razón por la cual quería hacer el mandado: usar la bicicleta.

Salí hacia mi destino. Tomé la ruta segura recomendada por mi mamá. Sin embargo, a pesar de las advertencias, tenía otros planes para el regreso. Lo haría por las afueras del vecindario, por el camino que solo atravesaban los adultos.

Cumplí con el envío al llegar a casa de mi tía. Cuando me aprestaba para regresar, no pude ocultar mi dificultad por mantenerme firme en la bicicleta. Mi tía, entonces, observándome me recomendó que tuviera cuidado, pues podía lastimarme si me caía. Con aparente seguridad, la miré y le dije que se quedara tranquila. Necesitaba fingir que todo estaría bajo control.

Comencé el regreso. Di un giro a la derecha y bajé por la cuesta que llevaría de vuelta a mi casa. Era un camino más corto, pero mucho más peligroso. Yo sabía que no era seguro tomar ese camino a mi edad. Sin embargo, mi instinto aventurero de Indiana Jones pesaba más que cualquier recomendación. No pude resistirlo. Era una carretera principal que daba al puerto y a unas fábricas que estaban alrededor, como la productora más famosa de atún StarKist. ¿Quién podría olvidar su constante aroma a atún... muerto? Su olor había marcado nuestra niñez, por lo que algunos todavía procuran recuperarse del trauma.

Un gran tránsito de autos y camiones era regular en este camino. Pero me llevaría a la entrada principal del caserío. Hacía tiempo que imaginaba una aventura como ésta. Así que de ningún modo iba a desaprovecharla.

Mientras bajaba, a la orilla de la carretea identifiqué varios rostros conocidos. No podía dejar de saludarlos. Ellos tenían que saber que Jacobo, el niño del edificio 9, apartamento 50, montaba su bicicleta en la vía principal. Seguramente todos pensarían en lo «cool» que me veía en esa bicicleta grande.

Luego de los saludos, continúe la marcha. Noté que mientras continuaba bajando, la bicicleta aumentaba la velocidad, un poco más de lo que me gustaba. Más rápido descendía, más difícil resultaba controlar la bicicleta. Era muy grande y pesada para mí. Comencé a sudar. Sentía cómo mi rostro cambiaba de color. Parecía que la bicicleta estaba poseída por algún espíritu maligno. Zigzagueaba sin control por la estrecha carretera. Algunos automovilistas se percataron que no tenía dominio sobre el rodado. Evitaban golpearse conmigo. Algunos, hasta me saludaron con algún tipo de señal con los dedos que yo no conocía. Mi mente me traicionaba, pensando que quizás algún camión vendría de frente. Seguro que pasaría a mejor vida.

Mientras perdía el control —aunque creo que nunca lo tuve—, tomé una decisión. Debía alejarme lo antes posible de la calle principal. En un acto de desesperación y con toda la fuerza que pude reunir con tan solo 10 años, dirigí la bicicleta hacia la entrada principal. Oraba a Dios que ningún auto estuviera saliendo de la comunidad. Pero sin darme cuenta, perdí todo el control sobre la bicicleta. Ya no la manejaba yo a ella, sino ella a mí. Lo único que hacía era gritar a todo pulmón con un clamor valiente que surgía de lo profundo de mi interior: «¡Mamiiiiiiii...!».

Entre voces y oraciones, me encontré peleando con el guía. Iba directo hacia una verja adornada con una bomba de incendio. Si no tomaba una acción inmediata, terminaría enredado en la bomba de incendio como adorno de navidad. Sin embargo, todavía tenía valor para cuestionar al cielo por qué estaba sucediéndome todo eso. Pero antes de recibir alguna respuesta, la endemoniada bicicleta se detuvo por el borde de la acera lanzándome directo sobre la bomba.

Habiendo perdido totalmente el control de mi cuerpo, sobrevolé la vereda y aterricé en la reja que enmarcaba la entrada al vecindario. Tomé unos segundos para incorporarme. La bicicleta estaba destrozada. Busqué a mi alrededor para ver si alguien había visto mi espectáculo. Sorpresivamente no había nadie. Miré al cielo, y con un suspiro de alivio, le di gracias a Dios.

Cuando procuraba ponerme de pie, sentí un sudor caliente que corría por mi frente. Toqué mi cara y mis manos se tiñeron de rojo. Caía sangre por mi rostro, ropa y suelo. ¿Cómo llegaría a casa? ¿Qué explicación les daría a mis padres? Me invadió el temor. Solo quería huir.

En ese momento, una mano me tomó. Alguien me dijo que me llevaría a casa. La bicicleta quedó atrás mientras nos dirigíamos a mi apartamento.

Se trataba de uno de esos vecinos que siempre veíamos, pero nunca compartíamos palabra alguna con él. La verdad es que no siempre andaba dando buenos pasos. Pero ese día vino a mi rescate, por lo cual siempre le estaré agradecido. No sabía cómo llegar a casa, pero el Señor me acompañó. Próximo al apartamento esperaba lo peor.

Cuando mi madre me vio quedó impresionada con la cantidad de sangre que bañaba mi rostro. Estaba realmente preocupada por mí. Así que nos dirigimos al auto que nos llevaría al hospital. No hubo preguntas en todo el camino.

Quizás podría escudarme y justificarme en que la bicicleta fue la responsable de lo ocurrido. Sin embargo, esta afirmación distaría mucho de la verdad. Tal vez alguno se pregunte dónde estaban mis padres mientras sucedía todo esto. Pues la realidad es que ellos confiaron en mi palabra.

Los años pasaron y la cicatriz continúa firme en mi frente. No se ha borrado. Tampoco el recuerdo de lo que sucede cuando no te detienes a escuchar la voz del consejo. La marca que obtuve fue el precio que pagué por no haber obedecido. Y cada vez que intento abandonar el diseño para el cual fui creado, asalta mi mente el peligro que corrí durante aquel accidente; y con él, saber que las decisiones que tomo en mi vida, conllevan inevitablemente consecuencias para bien o para mal.

Pero aún hay un mensaje más poderoso encerrado en todo lo acontecido. A pesar de mis errores, cuando llegué a casa mis padres atendieron mi dolor y sanaron mi herida. Nunca dejé de ser amado, ni de ser llamado hijo. El dolor estaba presente. La herida era palpable. Las consecuencias eran evidentes, pero su amor hacia mí permaneció intacto. Aunque hubiera deseado lo contrario, esa no fue la última vez que me involucré en una situación parecida. Sin embargo, el amor de mis padres siempre estuvo inalterable para levantarme.

El amor de Dios ha estado presente desde el principio de los tiempos. Como Padre amoroso que desea evitar el dolor a sus hijos, les advirtió a Adán y Eva las consecuencias de sus acciones si tomaban ese fruto. Ese árbol contenía una sentencia: la muerte segura. Al igual que muchos de nosotros hemos hecho tantas veces, escucharon muy bien la advertencia, pero con todo, decidieron hacer como mejor les parecía.

Cuando insistimos y finalmente las cosas no salen como esperábamos, procuramos hallar a alguien en quien depositar nuestra responsabilidad. Sin embargo, el amor de Dios sigue presente sobre nosotros. El pecado nos trajo distancia, silencio y muerte; pero su amor continúa aún vigente. Aunque estemos atravesando el valle de dolor y de desesperación, el amor de Dios no cambia para con nosotros.

Quizás estés pensando y con verdad, que llegaste a esta situación como resultado de malas decisiones. Pero eso no elimina una verdad mayor. La Palabra de Dios declara lo siguiente:

> Por lo cual estoy seguro de que ni la muerte, ni la vida, ni ángeles, ni principados, ni potestades, ni lo presente, ni lo por venir, ni lo alto, ni lo profundo, ni ninguna otra cosa creada nos podrá separar del amor de Dios, que es en Cristo Jesús Señor nuestro.
>
> —Romanos 8:38-39

A pesar de las consecuencias de nuestras malas decisiones, su gran amor sigue estando vivo y presente cada día de nuestra vida.

El amor de Dios

A pesar de haber tenido largas caminatas en el jardín y disfrutar de una comunión incomparable con el Señor, en el día del mal, en lo más profundo del corazón de Adán, algo se extravió. La realidad del amor del Padre se nubló. Por eso a la hora de enfrentar a Dios pudo más el temor que albergaba, que la certeza del amor que el Padre le brindaba.

Mientras Dios se paseaba en el huerto fue en búsqueda de su especial tesoro. Pues Él daría a sus hijos una de las lecciones más valiosas. Es bueno amar cuando tienes todas las razones para hacerlo. Sin embargo, es más poderoso aún cuando te han dado todas las razones para rechazar. Esto no era conocido por el corazón de Adán y Eva. Por eso, cuando vieron la sombra imponente del Padre, ambos quedaron sin aliento. El Padre de seguro les manifestaría su decepción y los descartaría para siempre.

Pero la sorpresa fue grande. Al finalizar el relato de las consecuencias de sus acciones, Dios les hizo entrega de unas túnicas realizadas por Él mismo que cubrirían su desnudez. Su amor cubre todas nuestras debilidades, limitaciones e incapacidades. Un gran recordatorio de parte Dios que aún hace eco hasta hoy. El Padre declaraba con el corazón en la mano que hay valles que no podrá evitarnos por las decisiones que tomemos; pero su mano siempre nos cubrirá.

Uno de los obstáculos al enfrentar días de lluvias es pensar que Dios nos ha abandonado. Por alguna razón la mentalidad de Adán se despierta en nosotros y rápido concluimos: «*Dios nos ha dejado*». Es precisamente en estos momentos donde tenemos que recordar esta verdad eterna:

> ¿Quién nos separará del amor de Cristo? ¿Tribulación, o angustia, o persecución, o hambre, o desnudez, o peligro, o espada? (...) Por lo cual estoy seguro de que ni la muerte, ni la vida, ni ángeles, ni principados, ni potestades, ni lo presente, ni lo por venir, ni lo alto, ni lo profundo, ni ninguna otra cosa creada nos podrá separar del amor de Dios, que es en Cristo Jesús Señor nuestro.
>
> —ROMANOS 8:35, 38-39

Dios conoce nuestra condición. Quién mejor que nuestro Creador para conocer hasta dónde somos capaces de tolerar y soportar:

> Como el padre se compadece de los hijos, se compadece Jehová de los que le temen. Porque él conoce nuestra condición; se acuerda de que somos polvo.
>
> —SALMO 103:13-14

Cada vez que te encuentres en medio de la tempestad, haz el ejercicio de recordarte que el Señor te tiene presente. El Padre no se olvida de sus hijos, porque Él «conoce» nuestra «condición».

Conocer y *condición* son dos palabras claves. Veamos las definiciones que nos ofrece el *Oxford English Dictionary*. Las mismas nos ayudarán a entender mejor las verdades encerradas en ellas.

1. **Conocer**. Estar alerta por medio de información, interrogación y observación. Simplemente investigar.

2. **Condición**. Estado con relación a su apariencia, calidad y funcionamiento. Viene del latín *«condicere»*, que significa llegar a un acuerdo.

Al conocer nuestra condición, Dios está alerta de nuestro estado, calidad y funcionamiento. Dios profundiza en los más ocultos escondites del alma para investigar nuestro dolor y nuestros pesares; los cuales no pasarán desapercibidos. Si Él cuida de las aves, cuidará también de ti y de mí.

El Padre pudo ver hacia dónde las acciones de Adán y Eva los dirigirían. Entonces acordó en amor hacer su mayor muestra de fidelidad: cubrirles en todo tiempo. Teniendo las razones para odiar y abandonar su obra, su amor se hizo evidente y se afirmó sobre cada uno de nosotros.

Dios siempre hizo provisión para aquellos que han vivido en tiempos de dificultad. Esto está vigente hoy para tu vida y la mía. Él no nos abandonará, sino que hará con nosotros un acuerdo de amor. Esto es un pacto de fidelidad. Caminará a nuestro lado en cada paso de este valle.

Capítulo IV

AQUÍ ESTOY, TERMINEMOS JUNTOS

CUANDO SE HABLA DE OLIMPÍADAS, SOBRESALEN MUCHOS nombres: Michael Phelps, Usain Bolt, Shawn Johnson y el Dream Team. Si continuáramos encontraríamos mucho más. Sin embargo, Derek Redmond no es uno de esos nombres conocidos.

Llegó a Barcelona, España, en las Olimpíadas de 1992. Junto a su padre, estaba decidido a regresar a casa con una medalla. Cualquiera era suficiente. Después de todo lo que había experimentado este joven inglés, lo único que deseaba era poder terminar esta carrera.

A los 19 años quebró el record británico de los 400 metros, el cual le dio pase al equipo nacional para las Olimpíadas de 1988. Sin embargo, cuando llegó a Seúl algo inesperado ocurrió. Diez minutos antes de la carrera tuvo que tomar la difícil decisión de abandonarla debido a una lesión. Fue sometido a cinco cirugías; pero finalmente estaba listo para el gran evento en Barcelona.

Precisamente antes de comenzar la carrera, con su padre llegaron a un acuerdo. No importaría lo que ocurriera durante la carrera. Ellos iban a llegar a la meta. Después de lo vivido, habían decidido dejar atrás las frustraciones. Su objetivo sería la meta final.

El estadio albergaba alrededor de unas 65,000 personas. El mundo veía a través de las cámaras de los diferentes medios. El disparo dio la señal. Derek, rápidamente se distanció del grupo y se colocó entre los primeros. Dando la curva y faltando poco más de 150 metros, Redmond se encontraba en la delantera. De repente, escuchó un sonido aterrador. Un músculo de su pierna derecha se había desprendido dando fin a su ventaja. Tirado en el suelo y con sus manos sosteniéndose el muslo veía cómo todos los competidores llegaban a la meta dejándolo en el último lugar.

Allí en la pista, recordó el acuerdo que había hecho con su padre. Se incorporó y comenzó a dar pequeños pasos hacia la meta. Algunos intentaron persuadirlo para que desistiera y que no corriera más. Pero su espíritu no le permitió rendirse. Desde las gradas se veía la silueta de alguien que corría desesperadamente hacia la pista. Se trataba de su padre Jim, quien iba al rescate de su hijo. Ambos habían comprometido su palabra. No importa lo que sucediera. Derek llegaría a la meta. Tanto el padre como el hijo sabían que ya habían ganado su medalla. Lo que seguía no era por el premio, sino por terminar lo que juntos habían comenzado.

Cuando Jim finalmente logró llegar a la pista, la seguridad que cubría el evento trató de detenerlo, pero él se escabulló y consiguió evadirlos. ¿Quién podría detener el corazón de un padre que arde en amor por su hijo? Nadie se interpondría entre él y Derek.

Al encontrarse con su hijo, tomó su brazo y lo colocó sobre su cuello. En voz baja pronunció: «Aquí estoy, lo terminaremos juntos». Derek se arrojó llorando al pecho de su padre. Mientras caminaban hacia la meta, Jim le daba palabras de ánimo. La multitud no pudo contenerse y puesta de pie dio la mayor ovación que se escuchó en los Juegos Olímpicos de Barcelona 1992.

Cuando llegaron a la meta, un reportero le preguntó al padre por qué tenían que terminar la carrera. Jim entonces, simplemente respondió: «Yo estuve en el comienzo de su carrera. Ahora iba a estar en el fin de la misma. Nosotros acordamos al comenzar que pasara lo que pasara íbamos a terminar».

Un padre no termina su carrera hasta que el hijo llega a la meta. Nuestro Padre ha hecho un acuerdo de amor con cada uno de nosotros. Aún cuando tropiece, Él estará a tu lado hasta el fin de la carrera.

No importa en qué etapa de tu vida te encuentres. Escucha la voz del Padre que se acerca y te dice nuevamente: «Aquí estoy, terminemos juntos».

> Esforzaos y cobrad ánimo; no temáis, ni tengáis miedo de ellos, porque Jehová tu Dios es el que va contigo; no te dejará, ni te desamparará.
>
> —DEUTERONOMIO 31:6

PERSEVERANCIA PARA VER EL FRUTO

En medio de tantos chaparrones, finalmente habían llegado buenas noticias para Adán y Eva, pues habían decidido comenzar de nuevo. Ambos se dispusieron a creer y a confiar.

Una de las fortalezas que tenemos en medio de tiempos de dificultad es nuestra capacidad de permanecer confiados. La fe depositada en Dios en tiempos de dolor es la mejor inversión que podemos hacer, pues el Señor abrirá camino en el desierto y ríos en la soledad.

> Y conoció de nuevo Adán a su mujer, la cual dio a luz un hijo, y llamó su nombre Set: Porque Dios (dijo ella) me ha sustituido otro hijo en lugar de Abel, a quien mató Caín.
> —GÉNESIS 4:25

Llama poderosamente mi atención, la capacidad que tuvieron Adán y Eva para creer nuevamente. Ésta es una de las lecciones más importantes en esta historia: el poder de la fe. Esa fe marcó el comienzo de un proceso de sanidad para sus vidas.

Parecía que esta pareja estaba destinada al fracaso y a la tragedia. Sin embargo, recordaron que Dios estaba con ellos y que no les había abandonado. Tomaron decisiones, no basados en lo que el futuro les depararía, sino en el cuidado de Dios permanente sobre sus vidas. Si Dios estaba con ellos, todo sería posible.

PERSEVERARON EN EL AMOR DE DIOS

- Pudieron permanecer toda la vida recordando los tropiezos que habían tenido. Pero en cambio, no fue así. Decidieron creer en el Señor. Él les podría perdonar, sanar y restaurar.
- Al enfrentarse una vez más a las tragedias, recordaron que el amor del Padre era mayor que toda adversidad.
- Aunque tendrían que caminar en el valle de lágrimas, se dieron cuenta que Dios no les había creado para habitar allí. Ahora estaban determinados a creer que Dios había preparado un camino mejor para encontrarse con ellos a través del perdón.

PERSEVERARON CREYENDO EL UNO EN EL OTRO

- *Y conoció de nuevo Adán a su mujer...* Esta frase denota que para ambos, éste era un tiempo de nuevos comienzos. Ya no se definirían por los fracasos del pasado. Adán y Eva se habían determinado a abrir una puerta de una confianza renovada.

- Ambos permitieron que las murallas que el dolor y el temor les habían provocado fueran definitivamente eliminadas. Uno de los sentimientos más peligrosos en una relación es el temor. Provoca acciones que laceran la confianza y la transparencia en la relación.

- Ahora, Adán y Eva se estaban encontrando nuevamente en el rincón del perdón, en lo más íntimo del corazón. Esto era fruto de la nueva sanidad que ambos estaban disfrutando. En el valle de lágrimas ambos habían decidido tomar la ruta hacia el estanque de la sanidad.

PERSEVERARON RECORDANDO LAS PROMESAS DE DIOS

- Dios estableció su unión, y al ver que era buena, los bendijo. Luego les ordenó que se multiplicaran y que dieran frutos. *«Y los bendijo Dios, y les dijo: Fructificad y multiplicaos (...)»* *(Génesis 1:28a).*

- Pudieron haber pensado que esa bendición ya no era para ellos. Sin embargo, creyeron que Dios podía restaurar el propósito que tenía con ellos. Dios los honró con una cuota de fe que vino acompañada de perseverancia.

> Con perseverancia el caracol llegó al arca.
> CHARLES SPURGEON

La perseverancia es la clave para ver frutos donde otros solo se quedan en el intento. Algunos llegan a la mitad del camino; otros en cambio, sobrepasan cualquier obstáculo que pudiera aparecer.

Los perseverantes saben bien que esperan oposición; pero, no les sorprende cuando llega. Aprenden a convertir cada piedra de tropiezo en los peldaños de la escalera que les permita hacer crecer la fe. Esta tenacidad es llegar al río, después de una larga caminata, y darte cuenta que no hay un puente que te permita cruzar a la otra orilla. Lo único que hay son piedras que asoman en la superficie. Algunos comienzan a lamentarse porque no existe otra forma de llegar. Otros, se animarán y afirmarán sus pies en ellas hasta llegar al otro lado. Tienes que considerar qué tipo de persona pretendes ser. Sé perseverante, persiste, hasta llegar al final.

Perseverar es continuar creyendo en la Palabra de Dios aún cuando todo parece gritarte en la cara que las probabilidades son escasas. Es levantarte después de una caída y con decisión caminar hacia la meta. Es ejercitar cada día la confianza plena en Dios. Es sostenerte fuertemente del brazo del Señor en contra de todo viento y marea.

Es dar cada paso con tesón y constancia, pues tienes la certeza de que Dios caminará contigo. Es poner la mirada en la meta que Dios tiene preparada. Es caminar confiado trabajando paso a paso. Es enfocarte en las pequeñas grandes victorias del día a día.

El que persevera ha creído en el poder de la Palabra de Dios y permanece por su fe. Sus pasos no están determinados por lo que sienten, sino por lo que saben. Cree con todo el corazón que Dios sigue obrando y permanece fiel. Él es justo para recompensarte por tu perseverancia. Con tu tenacidad estarás abriendo camino para los que vienen detrás de ti.

La perseverancia que provoca a Jesús

Treinta y ocho años parece ser tiempo suficiente para darse por vencido. Sin embargo para este hombre no era así. Llevaba años en su condición de paralítico esperando por su momento de redención. Allí, junto a la multitud de enfermos, ciegos y cojos esperaba el movimiento del agua del estanque. Cerca de la Puerta de las Ovejas había un estanque llamado Betesda—casa de gracia y misericordia—, donde muchos aguardaban su sanidad. Un ángel descendía de tiempo en tiempo y agitaba el agua. El que primero descendía al estanque después del movimiento del agua, quedaba sano de cualquier enfermedad que tuviese (ver Juan 5:1-15).

Día tras día este hombre paralítico esperaba por su milagro. Treinta y ocho años al pie de la casa de la gracia y la misericordia, pero el favor lo evadía. El primero que descendiera a las aguas será sano. Esto era algo difícil para un paralítico. Todos llegaban primero que él. Cada vez que veía el mover de las aguas, se preparaba en su camilla, pero otro llegaba en su lugar.

Hoy por hoy, son muchos los que se encuentran paralizados y privados de poder salir de su condición. Son personas que ven sus vidas estancadas por una limitación. Tal vez por una herida del pasado; quizás por un impedimento físico, o un pecado no confesado. Algunos anhelan salir de su letargo, pero el sistema no los favorece. Sin embargo, Dios sí puede librarlos de su condición.

Estando Jesús en Jerusalén, pasó por aquel estanque. Sus ojos se posaron sobre aquel hombre que estaba acostado. Al verlo supo que hacía mucho tiempo que estaba allí. La perseverancia de este hombre provocó el interés de Jesús. ¿Cómo podría un hombre esperar treinta y ocho años en un lugar donde sabía que su situación no le daría la oportunidad de llegar primero? Entonces Jesús se acercó y le preguntó: «¿Quieres ser sano?». La pregunta podría parecer obvia; sin embargo, hay muchos hombres y mujeres que están al alcance de recibir un milagro y prefieren permanecer en su condición. Solo la fe manifiesta la perseverancia. Y Jesús no iba a defraudar la fe de este hombre.

Entonces el hombre respondió: «Señor, no tengo quien me meta en el estanque cuando se agita el agua, y entre tanto que yo voy, otro desciende antes que yo». Muchas veces limitamos a Dios porque no tenemos a alguien cerca de nosotros. Pretendemos que algo externo resuelva nuestra condición interna. Confiamos más en los recursos que están a nuestro alcance que en el Señor.

Lo que ese hombre paralítico realmente decía era: «Quiero ser sano, pero no tengo a nadie». A lo que Jesús le contestó, diciendo: «Levántate, toma tu camilla, y anda».

Es tiempo que los que están paralizados en Betesda, en la Casa de la gracia y la misericordia, reconozcan el favor de Dios sobre ellos. Es interesante otra definición de Betesda como Casa de derramamiento. Dios mismo se derrama sobre ti y sobre mí con su bendición que no añade tristeza.

Casi cuarenta años este hombre estuvo confiado de que algo sucedería para su favor. Este es el poder de la perseverancia. Es la manifestación visible de una fe invisible. Al leer esta historia imagino a Dios Padre enviando a su Hijo a la tierra dándole un listado de asuntos por atender. Quizás el hombre del estanque de Betesda estaba en esa lista: El hombre que perseveró, creyendo.

Quizás pienses que tu causa ha sido olvidada. No obstante, persevera y Dios mismo vendrá en tu auxilio. Mantente firme. Confía en el Señor y Él hará.

Mas el que mira atentamente en la perfecta ley, la de la libertad, y persevera en ella, no siendo oidor olvidadizo, sino hacedor de la obra, éste será bienaventurado en lo que hace.

—SANTIAGO 1:25

En la parábola del sembrador hay dos elementos principales que hicieron que la semilla diera fruto. Primero, los que con corazón bueno y recto retuvieron la palabra. Segundo, los que dan fruto con perseverancia. Éstas son la clase de personas que logran cambiar sus valles de lágrimas en fuentes inagotables de recursos en Dios. El que permanece verá el fruto de su paciencia.

Mas la que cayó en buena tierra, éstos son los que con corazón bueno y recto retienen la palabra oída, y dan fruto con perseverancia.

—LUCAS 8:15

Por tanto, hermanos, tened paciencia hasta la venida del Señor. Mirad cómo el labrador espera el precioso fruto de la tierra, aguardando con paciencia hasta que reciba la lluvia temprana y la tardía.

—SANTIAGO 5:7

PARA REFLEXIONAR:

1. ¿Habrá algún patrón de conducta que te dificulte perseverar?

2. ¿Te has rendido alguna vez? ¿Se te ha hecho difícil perdonarte y comenzar de nuevo?

3. ¿Que decisión debes tomar para permanecer en la carrera?

4. Fíjate una meta. Prepara un plan y divídelo en pequeñas etapas de logros.

Capítulo V

EL QUE RESTAURA DE LOS ERRORES

AÚN HAY MUCHOS QUE HOY DEFINEN SU vida por las situaciones que les ha tocado vivir. Tal vez tú perteneces a este grupo de hombres y mujeres que decidieron su identidad conforme fue determinada por sucesos del pasado. Quizás te identifiques con nombres como: la solitaria, el abusado, la abandonada o el rechazado. Sin embargo, debes saber que lo que ocurrió en tu vida no define quién eres. Solo el Señor podrá darte el concepto de ti mismo que debes tener.

Adán y Eva pasaron por este proceso de distorsión y confusión en cuanto a quiénes eran. Sobre todo, después que perdieran a sus dos hijos, la pregunta latente era si Dios podría confiarles nuevamente un hijo. Para sorpresa de ellos la respuesta no se hizo esperar. Dios les otorgó la bendición de otro hijo. Ya no se definirían por su pasado. Sino que se redefinirían por su confianza en el Señor. Set marcó el inicio de un nuevo tiempo en Dios. Por eso, Eva declaró:

(…) Porque Dios (dijo ella) me ha sustituido otro hijo en lugar de Abel, a quien mató Caín.

—Génesis 4:25b

Dios sustituyó la decepción por confianza, el temor por seguridad y el dolor por sanidad. Créelo, tu pasado no tiene que determinar tu futuro. Lo que creas hoy y hacia donde dirijas tus pasos, es lo que transformará tu mañana.

Me imagino a los primeros padres pensando qué sería de su descendencia. Dios cumplió su obra en esta familia a pesar de las tormentas. La fe de Adán y Eva fue honrada. Por eso, como si fuera el más elocuente testamento, escondido en un rincón leemos la siguiente declaración:

Y a Set también le nació un hijo, y llamó su nombre Enós. Entonces los hombres comenzaron a invocar el nombre de Jehová.

—GÉNESIS 4:26

El cetro que marcaba el inicio de un nuevo comienzo estaba siendo cedido de generación en generación. Dios honró la perseverancia de Adán y Eva, pues supieron renovar su fe y cambiar sus valles de decepción en confianza. No sólo ellos vieron el fruto en Set, sino que toda la tierra fue bendita al levantarse una raza que supo invocar el nombre de Dios en medio de sus valles. Aprendieron a declarar que Dios es más poderoso que cualquier adversidad que pudieran enfrentar.

LAS CONSECUENCIAS DE NUESTRAS DECISIONES

Una de las consecuencias del pecado original es que nuestra naturaleza caída es seducida continuamente por el egoísmo. Tenemos la tendencia a centrar nuestros pensamientos sólo en nosotros. Nos cuesta ver que nuestras acciones tienen repercusiones también en los que tenemos cerca. Y aún en aquellos que nos secundarán y quizás nunca conozcamos.

He escuchado a muchas personas pronunciar la siguiente afirmación: «Yo tomo mis decisiones como quiero, pues al fin y al cabo, el único que tiene que vivir con las consecuencias de mis acciones soy yo». Suena bien y hasta podría tener apariencia de madurez. Sin embargo, ésta es una verdad a medias. Es la serpiente hablando otra vez. Es un mito que pretende levantarse en esta generación para seguir engañando con sus artimañas de error. Justamente, afianzados en este argumento, es que con mayor frecuencia vemos a hijos abandonados por sus padres y a matrimonios —que alguna vez pactaron fidelidad— traicionar la confianza de uno en el otro.

Tal vez tú eres uno de los que al leer estas líneas sabes que no estás en el valle de lágrimas por tus propias acciones, sino que arribaste allí por lo que otros decidieron: una mujer que gime en el valle, porque no entiende cómo su matrimonio se desplomó de la noche a la mañana; un joven que batalla en su interior porque su papá nunca regresó a casa para estar con él; o el hombre que todavía lucha con sentimientos de inferioridad desde el día que fue abusado.

Es tan agudo el dolor y la cicatriz tan profunda, que muchos no logran entender cómo alguien los pudo conducir al valle de lágrimas. La realidad es que algunos los han llevado allí como fruto de lo que ellos mismos han experimentado. No pudieron remediar su desnudez.

Adán y Eva se encontraron cargando el peso de culpa. Ellos nunca pensaron que la decisión que habían tomado en el huerto tendría efectos en sus hijos. Tampoco Caín habrá imaginado que su decisión de quitarle la vida a su hermano no solo lo afectaba a él sino a toda la familia. Lo cierto es que muy pocos se sientan a considerar las consecuencias que tendrán sus decisiones y acciones, y quiénes se verán afectados. He aprendido que al enfrentarnos ante una posibilidad, escogemos las decisiones; pues las consecuencias acuden sin ser convocadas.

Sentado a la mesa del Rey

Narran las Escrituras en el segundo libro del profeta Samuel, que un día el rey tomó una de sus peores decisiones. La misma consistía en darle la espalda a aquel que le había confiado el reino.

Al cabo de un tiempo, todo el reino fue a la guerra. Saúl peleaba junto a su hijo Jonatán. Pero gran parte del pueblo huía, mientras otros resultaban muertos. Al finalizar la batalla, Jonatán yacía muerto en manos del ejército enemigo y Saúl clamaba que lo mataran por la pérdida de su hijo. La noticia de la muerte de Saúl y Jonatán corrió rápidamente por todo el reino entre voces, dolor y angustia.

El mensajero acudió a David con un rostro que no era el usual. Estaba bañado en pánico y desesperación. El ejército se había dispersado.

Todos sabían lo que esto significaba. Un nuevo rey tomaría el trono. Una ley no escrita, pero que imperaba en los reinos antiguos, establecía que cuando un nuevo monarca era coronado ordenaba eliminar a toda la descendencia del rey anterior. El fin era que no quedara amenaza alguna para el nuevo mandato.

Considerando esto, una de las nodrizas tomó al nieto de Saúl y huyó con él. Quería salvar su vida. Pero mientras iba huyendo apresuradamente, se le cayó el niño y quedó cojo. Su nombre era Mefi-boset y tenía apenas cinco años de edad. Su vida cambió repentinamente. Un momento, una decisión y un lamentable tropiezo marcaron su camino hacia el valle de lágrimas. El palacio dejó de ser su hogar. Ya no correría alrededor de la majestuosa casona atravesando esos infinitos pasillos. Ahora hacía su vida en Lodebar, la tierra sin pastos que no daba frutos. Se encontraba a kilómetros de Jerusalén, cerca del Valle de Acor, el valle de la aflicción.

¡Qué gran cambio! Un día, en el palacio con la vida a tu favor; y al otro día, en el desierto, extendiendo tu brazo en súplica por ayuda. Teniendo familia real, ahora Mefi-boset tenía que conformase con mendigar. Cuando uno está en el desierto, es fácil olvidarse de dónde vienes y a dónde perteneces.

La fría brisa del desierto lo acompañaba durante las noches. Tenía tiempo para mirar las estrellas y preguntarse qué hubiera sucedido si su abuelo Saúl no le hubiese dado la espalda a Dios. Él sabía que no era su culpa. Solo era un niño. Pero las consecuencias de las decisiones tomadas por sus antecesores lo habían sumido en la miseria y el dolor. Su corazón enfrentaba cada día la amargura y el tormento.

Mefi-boset era conocido como el lisiado del pueblo que pedía limosna en la esquina de la calle, un lugar que ya era suyo. Todos lo conocían muy bien. Su historia era parte de la leyenda que lo mantenía vivo. Cada vez que alguien se acercaba, él tomaba un momento para contarle lo que le había ocurrido. Les decía que ése no era su lugar. Él no debía estar allí. Les contaba de los días de gloria en la casa del rey. Con gran aceptación al principio, se convirtió en la estrella de la aldea.

Muchos respondían con admiración, algunos con tristeza y otros sencillamente no le creían. Pero eso no importaba; a todos les parecía tan interesante su vida que siempre colaboraban con una moneda para ayudarle.

Tal vez Mefi-boset no se daba cuenta, pero no podía pretender vivir toda la vida de historias pasadas. No podemos paralizar el tiempo por aquello que sucedió ayer. No podemos procurar que otros nos tengan lástima con el solo objeto de obtener a cambio su ayuda. Lo único que eso provoca es dejarnos en un ciclo vicioso y peligroso, que no nos permite vivir en libertad. Es necesario animarse a cerrar el capítulo para comenzar uno nuevo. Debemos dar vuelta la página.

Considera lo siguiente:

1. ¿Has tenido algún evento que cambió tu vida para siempre?

2. ¿Qué piensas cuando recuerdas ese suceso?

3. ¿Has visto en ti algún equipaje de ayer que te esté deteniendo hoy?

4. ¿Habrá alguna conducta repetitiva que te hace regresar al valle de lágrimas?

5. ¿Qué recursos tienes en tu haber hoy para liberarte del dolor de ayer?

6. ¿Habrá algo en lo que Dios pueda ayudarte?

EL INVIERNO NO ES ETERNO

Todos sabemos que es duro enfrentarse a un cambio radical en la vida; y mucho más aún cuando esos cambios fueron provocados por otros. Mefi-boset no podía distinguir que era lo que más le dolía. Si el estar a la distancia, lejos de todos aquellos que un día le vieron crecer. O aquella hora cuando la nodriza lo dejó caer, y todo cambió. Ahora se sentía incapacitado para cambiar o detener las consecuencias de lo que le había sucedido. No se trataba solamente de lo que él ahora estaba viviendo, sino que también habían muerto sus sueños, las ilusiones y los deseos no cumplidos.

Mientras estás mendigando en el desierto, hay un pensamiento que persiste en instalarse en tu mente, y por ende, condicionar tu modo de vida: ¿Para qué esforzarme por salir de esta condición, si de seguro alguien vendrá nuevamente y echará por tierra lo que he construido? Pues ésta es una de las características de los que arrastran sus pies en el desierto. Dejan que sus heridas dirijan su vida y no se esfuerzan por salir del hoyo donde están.

A Mefi-boset las cosas no le iban bien. La respuesta de la gente era ínfima frente a su necesidad. Su corazón ya no soportaba más. Sabía que su vida no tenía fruto y continuaba inmerso en un círculo que parecía no tener fin. Sus esperanzas estaban en que otros pudieran hacer algo por él. No se daba cuenta que el Señor era el único que podía hacer grandes cosas con lo que había depositado en su corazón.

Salir de la situación que atravesaba, para Mefi-boset significaba un gran esfuerzo pero no era imposible. Parecía tener todo en su contra. Sin embargo, no era inalcanzable. Si ponía sus ojos en él mismo colapsaría. Esto mismo les sucede a quienes han sido heridos y deben hacer frente a los nuevos desafíos. Pues suelen restringir sus vidas a lo que sufrieron y a caminar alrededor de sus heridas. Con esta actitud, no solo distorsionan la realidad, sino que también todo gira en torno a ellos. Es en este punto donde es necesario comenzar una transformación integral. El dolor no puede definir nuestro ser. Ni mucho menos convertirse en el eje que mueve nuestro diario vivir. Mefi-boset no podía pretender seguir toda su vida definiéndose como «el lisiado». Dejar de vernos como lisiados y víctimas puede cambiarlo todo. Esto puede ocasionarnos temor. Mefi-boset era lisiado y eso era lo que usaba para sostenerse. Si dejaba de ser lisiado, ¿cómo se iría a mantener? Es allí donde debemos enfrentar los mayores retos a la hora de abrazar los cambios de Dios.

Tuve la oportunidad de conocer a una familia que vivía sostenida por un plan de asistencia pública. La misma es una especie de ayuda que provee el gobierno a familias con dificultad económica. Por tres generaciones, su abuelo, sus padres y ahora ellos, habían vivido con la ayuda que el gobierno brindaba.

Cuando charlábamos al respecto, siempre sostenían que ellos eran muy pobres para dejar de vivir de esa manera. Entonces recordé que el programa de asistencia pública en los Estados Unidos había surgido como un plan para ayudar «temporalmente» a aquellos que estuvieran pasando por una crisis económica. Cabe destacar que esto era por un breve lapso de tiempo.

Nadie debe avergonzarse si en algún momento de su vida ha tenido que recurrir a este tipo de ayuda. De hecho, doy gracias a Dios que en un momento de estrechez nuestra familia pudo seguir hacia adelante debido a esta asistencia económica. El punto que quiero resaltar es que hay personas que en tiempos de crisis hacen morada permanente en ellas, en lugar de concebirlas como cosas temporales.

Esta familia en particular, recibió asistencia en un momento de necesidad. Pero esta asistencia no fue diseñada para mantenerlos en la crisis, sino para ayudarlos a salir. Con este concepto incorporado en su modo de vida, no solo una generación se conformó en el valle, sino que dos generaciones más han permanecido estancadas allí.

Creo que coincidirás conmigo en que es necesario que familias en crisis reciban esta clase de ayuda. Pero de ninguna manera esto debe detener el crecimiento de Dios en tu vida. El invierno es apenas una estación que tiene principio y fin. No ha sido creado para permanecer en él indefinidamente.

Estas temporadas nos permiten desarrollar y progresar. El invierno es el momento donde aprendemos a echar raíces y nos fortalecemos para dar fruto una vez más. Sin embargo, el invierno no es la meta. Existe todavía algo mayor. No fuimos diseñados para vivir de ese modo, sino para permanecer sanos y regresar a casa. El fatigado espíritu de Mefi-boset ya no toleraba un día más en esa condición. Estoy seguro que Dios consideró su condición y escuchó su clamor. Pues Mefi-boset llegó a la conclusión que el desierto no era para él. Él sabía bien que no pertenecía al desierto; era descendiente del rey Saúl. Por lo cual, de alguna manera debía encontrar el camino que lo condujera de regreso al palacio. Es evidente que Mefi-boset tomó la decisión de mirar ese valle de lágrimas de una manera diferente. Ahora sabía que debía buscar la salida que lo llevaría de Lodebar al palacio.

> Gloria de Dios es encubrir un asunto; pero honra del rey es escudriñarlo. Para la altura de los cielos, y para la profundidad de la tierra, y para el corazón de los reyes, no hay investigación. Quita las escorias de la plata, y saldrá alhaja al fundidor.
>
> —Proverbios 25:2-4

La verdad bíblica nos revela que para nuestro corazón no hay investigación. No hay manera de conocer lo que está oculto en él. Sin embargo añade, que Dios desea que podamos escudriñar lo que allí mora. Rápidamente nos dice cómo: «Quita las escorias de la plata, y saldrá alhaja al fundidor». En otras palabras, si el fundidor quita lo que procede de impurezas, obtendrá una joya de mucho valor.

Dios nos está revelando uno de las razones principales por la cual nos permite pasar por estos difíciles valles de lágrimas. El pecado mismo se ha hecho presente en los valles de nuestra vida; pero Dios los usará para nuestro bien, y cambiará el valle de lágrimas en bendición. Es necesario que entendamos que el fin de Dios no es que nos mantengamos allí. Su meta es que aprendamos a usar lo que viene en contra de nosotros para salir fortalecidos, establecidos y edificados en Dios. La manera en que el fundidor saca la escoria del corazón es llevándolo al horno. Así también el hierro solo puede ser moldeado cuando es llevado a temperaturas extremas. El calor del horno es la clave. Una pieza común se convierte en una joya valiosa siempre y cuando pase por el calor máximo del horno.

¿QUÉ SUCEDE CUANDO SOMOS EXPUESTOS A TEMPERATURAS MÁXIMAS?

1. Se conoce lo que está en nuestro corazón.

Dios desea que podamos conocer lo que abunda en nuestro corazón. Que podamos arrancar lo que limita nuestra forma de amar, confiar y caminar. Él usará las lluvias para que se conozca lo que está sembrado en nuestro corazón. Allí saldrá a la luz lo que hay oculto en ti.

2. Salen las escorias de la plata.

Los valles de lágrimas provocan que las impurezas que han sido alojadas en nosotros salgan definitivamente. Al ver nuestra realidad debemos decidir qué haremos con ella. Si dirigimos nuestro corazón hacia Dios y clamamos por su misericordia hará una gran diferencia. ¡Que nuestras actitudes sean como las de Dios! ¡Que nuestras decisiones sean guiadas por el Señor!

3. Sale joya para el fundidor.

a. La meta final es convertir esa piedra en una joya muy fina. Aún los tiempos de dificultad no escapan del amor del Padre. Dios los utiliza para bendecirnos y para nuestro crecimiento.

b. Dios es el fundidor y desea ver nuestra vida convertirse de una piedra común y rústica en una joya preciosa de inestimable valor.

c. El fundidor estará presente y cuidará de ti. Ninguno que prepara la joya la deja en el horno y la abandona. Él conoce el valor que tiene. Por eso se queda allí presente velando hasta que la piedra llegue al punto de ser una joya acabada y terminada.

Dios desea que puedas ver en esos tiempos de dificultad lo que está oculto en tu corazón y conocer lo que te ha limitado. Permite que el Señor visite su condición. La próxima vez que estés pasando por el horno, recuerda que el fundidor está cerca. Él está viendo en ti más allá de la piedra común que eres. Se deleita en contemplar la joya preciosa que está escondida detrás de tu dolor, del rechazo o de un concepto de ti mismo inferior. Él conoce el valor que hay en ti.

Es tiempo de dejar salir lo que Dios ha depositado en tu corazón. Es tiempo de enfrentar lo que te limita. Es hora de convertir tu dolor en una joya de bendición. Mantente firme, pues el horno hará de ti lo mejor. De la misma piedra que se saca el diamante se obtiene el carbón. Este mineral se tiene que conformar con ser una piedra común. En cambio un diamante, es una piedra exquisita y preciosa codiciada por muchos. Una, ha sido tratada, cortada y procesada. La otra, será usada y desechada. ¿Qué quieres ser a partir de hoy? Enfrenta el tiempo de Dios para tu vida.

Si aprendemos a definir a Dios como el gran fundidor que nos lleva a liberarnos de nuestras limitaciones, entonces confiaremos en Él sin temor. Definir las situaciones que atravesamos determina cómo saldremos de ellas. Si logramos definirnos a nosotros mismos a partir de las dificultades, entonces determinaremos quiénes seremos cuando hayamos pasado del valle de lágrimas al gozo.

> Orarás a él, y él te oirá; y tú pagarás tus votos (cumplirás tu palabra). Determinarás asimismo una cosa, y te será firme, y sobre tus caminos resplandecerá luz.
>
> —JOB 22:27-28

Determínate hoy. Mantente firme y emprende tu caminata desde el desierto hacia el palacio del rey.

PARA REFLEXIONAR:

1. ¿Qué determinación has tomado sobre el lugar que te encuentras hoy?

2. ¿Qué imagen tienes de Dios en las temporadas difíciles que has atravesado?

3. ¿Qué has descubierto de ti en los inviernos de la vida?

4. ¿Sabes cómo te define el Señor?

Capítulo VI

DE REGRESO A CASA

UNQUE LAS RAMAS SECAS DE LOS ÁRBOLES parecían verse igual, la primavera se venía anunciando.

El nuevo rey había sido proclamado. David, gran amigo de Jonatán, padre de Mefi-boset, había hecho un acuerdo que no estaba dispuesto a olvidar. Prometió que al arribar al palacio tendría misericordia con aquellos que habían quedado atrás de la casa de Saúl por amor a Jonatán. Había un siervo que se llamaba Siba. Al cual David mandó llamar. Entonces, cuando Siba estuvo ante él, le preguntó: *«¿No ha quedado nadie de la casa de Saúl, a quien haga yo misericordia de Dios?».* El siervo respondió: *«Aún ha quedado un hijo de Jonatán, lisiado de los pies».* Y agregó: *«Está en casa de Maquir hijo de Amiel, en Lodebar».* Entonces David lo envió a buscar.

La hora había llegado, el invierno de aquel niño tendría su fin. El mendigo sería sacado de aquella tierra árida.

Desde lejos se veía la comitiva. Muy en su interior Mefi-boset sabía que su hora había llegado. Pero aún las dudas asomaban a su corazón. Los pensamientos se agolpaban en su mente. De seguro el rey había mandado a buscarle para quitarle lo único que había conseguido en el desierto. No era suficiente acaso, haberle despojado de la honra familiar y que sus días fueran una miseria. De repente notó que la sombra de un desconocido se acercaba. Necesitaba ordenar sus pensamientos.

El siervo se presentó y dio a conocer la oferta del rey. El mendigo de inmediato, aceptó. Sabía que no podía seguir huyendo de esta realidad. Ya era tiempo de enfrentar su pasado. Siempre comentaba lo mismo al salir de la casa: «Quizás éste sea nuestro último día aquí». Nunca pensó que sus palabras cobrarían vida. Mientras se distanciaba del hogar que lo había albergado en el desierto, dejaba atrás una familia que tal vez nunca más vería. Al regresar al palacio, sus recuerdos de niño se activaban en su mente. La gran puerta se abrió y fue conducido a la Corte del rey. La figura imponente de David se aproximaba por los pasillos mientras su corazón impaciente, esperaba solitario en uno de los extremos. No podía resistirse a pensar lo peor. Deseaba huir. Sin embargo, su impedimento físico lo obligó a permanecer allí. Del mismo modo les sucede a quienes han sido heridos en el pasado. Al quedar mutilados en alguna área de sus vidas pretenden huir, pero quedan paralizados. No tienen fuerzas. Quedan atrapados en la condición en la que están.

YO ESTUVE EN TU LUGAR

Cuando creía que todo había llegado a su fin, el rey David se presentó delante de él. Mefi-boset se postró sobre su rostro e hizo reverencia. David entonces, le dijo: «*No tengas temor, porque yo a la verdad haré contigo misericordia por amor de Jonatán tu padre, y te devolveré todas las tierras de Saúl tu padre; y tú comerás siempre a mi mesa*».

«Tal vez, tú no conoces mi vida, pero hace algunos años yo también estuve huyendo. Jamás hubiera podido imaginar que al cabo de un tiempo estaría en este palacio. No se suponía que aquel que huía por guardar su vida, dirigiría las riendas de este pueblo.»

Luego lo llevó a mirar el horizonte: «*¿Ves ese desierto más allá de la pradera? Allí derramé mis lágrimas cada día y cada noche. Yo también estuve en tu lugar. Atravesé tiempos muy duros, con hambre, inseguridad, dolor y cientos de cuestionamientos que asaltaban mi mente y corazón. Clamaba a Dios con desesperación*».

«*Pero cuando ya mis fuerzas se habían agotado y mi espíritu estaba agobiado dentro de mí, el Señor me sorprendió. Goliat marcó un antes y un después en mi vida. Si tan solo hubiera llevado provisiones a mis hermanos quizás las cosas se hubieran dado de otra manera. Pero contrariamente a lo que yo esperaba, todo parecía confabularse en mi contra. Sin embargo, Dios hizo espacio para cobijarme debajo de sus alas en los momentos de mayor aflicción. Y hasta el día de hoy no me ha abandonado.*

«Tu padre fue quien vino a verme en el día de mi angustia. Dios lo puso en mi camino cuando más necesitaba que alguien me ayudara. Jonatán significa "dado por Jehová". Y el Señor realmente proveyó para su siervo a través de él. «¡Cómo olvidar sus palabras que traían aliento a mi ánimo cansado! Me enseñó a ver lo que yo no era capaz de entender. Creyó en mí cuando ni yo mismo podía confiarme nada. No tenía por qué hacerlo. El reino era suyo. Pero tu padre había comprendido una verdad mucho más profunda. Seguir la voluntad de Dios era mejor que cualquier reino en esta tierra, aún cuando el costo fuera la vida de los suyos.

«Ahora todos miran al rey. No recuerdan que algún día yo estuve en el valle de la aflicción. Hoy la primavera me sonríe, pero fue necesario atravesar el invierno. Algunos anhelan dejar el pasado atrás. Pero yo he decidido tener siempre presente de dónde me sacó el Señor.

«Las cosas no fueron fáciles. Un deseo incontrolable por matarme se despertó en tu abuelo Saúl. Él sabía que tendría que dejar el trono de Israel. Quizás habrá pensado que si me eliminaba, el Señor tendría que cambiar sus propósitos para con él. Al enterarse Jonatán no podía creerlo. Estábamos hablando de su padre. Saúl pretendía alterar la voluntad de Dios. ¿Quién podría enfrentarse con el Señor y su perfecta voluntad? Yo no era quién lo había sacado del reino. Sin embargo, Saúl no lograba entenderlo.»

El pacto está vigente

«Al otro día, de mañana, salió Jonatán al campo, al tiempo señalado con David, y un muchacho pequeño con él. Y dijo al muchacho: Corre y busca las saetas que yo tirare. Y cuando el muchacho iba corriendo, él tiraba la saeta de modo que pasara más allá de él. Y llegando el muchacho adonde estaba la saeta que Jonatán había tirado, Jonatán dio voces tras el muchacho, diciendo: ¿No está la saeta más allá de ti? Y volvió a gritar Jonatán tras el muchacho: Corre, date prisa, no te pares. Y el muchacho de Jonatán recogió las saetas. Y vino a su señor.»
—1 Samuel 20:35-38

«La señal era clara. Jonatán y yo habíamos establecido una contraseña para constatar si debía huir del reino o si mi impresión sobre su padre estaba equivocada. Luego de averiguar en el palacio que su padre estaba resuelto a matar a

David, esa mañana Jonatán salió al campo con un muchacho que le ayudaba. Lanzó la saeta, como habíamos acordado. Mientras perseguía la saeta en el aire, esperaba que mi impresión fuera falsa. Cuando la flecha se precipitó al terreno, con ella se enterraron mis sueños. No podía dejar de pensar que todo estaba perdido. Ni las promesas de Dios bastaban para lo que estaba viviendo. Las palabras de Samuel frente a mi padre se desvanecían en mi mente: Él veía lo que ningún hombre lograría vislumbrar. Yo había sido escogido por Dios para ser rey de Israel. Entendía que a partir de ese día tendría que vivir huyendo por guardar mi vida.

«Pero, Jonatán me conocía bien y sabía que estaba destruido. Con la lealtad que lo caracterizaba, me buscó en el campo y me halló tirado en el suelo. Nos perdimos en un abrazo. No era solo Jonatán quien me abrazaba, sino Dios que venía a mi encuentro. Sus palabras hicieron eco en mí: Vete en paz, me dijo. Jehová estará entre tú y yo, entre tu descendencia y mi des-cendencia para siempre. Esas palabras me dieron el impulso y la motivación necesaria levantarme del suelo. Cuando más necesité que me recordaran la fidelidad y el amor de Dios, el Señor envió a Jonatán.

> «Pero ninguna cosa entendió el muchacho; solamente Jonatán y David entendían de lo que se trataba. Luego dio Jonatán sus armas a su muchacho, y le dijo: Vete y llévalas a la ciudad. Y luego que el muchacho se hubo ido, se levantó David del lado del sur, y se inclinó tres veces postrándose hasta la tierra; y besándose el uno al otro, lloraron el uno con el otro; y David lloró más. Y Jonatán dijo a David: Vete en paz, porque ambos hemos jurado por el nombre de Jehová, diciendo: Jehová esté entre tú y yo, entre tu descendencia y mi descendencia, para siempre. Y él se levantó y se fue; y Jonatán entró en la ciudad.»
>
> —1 SAMUEL 20:39-42

«Por este motivo te he llamado. La misma misericordia con la que Dios me tocó, te alcanza a ti hoy. Por el pacto que hubo entre tu padre y yo, hoy te entrego todo lo que se te ha quitado. Todas las tierras que te fueron arre-batadas, yo te las devuelvo en esta hora. Estuviste lejos, pero siempre esta casa esperaba por ti. Éste es tu lugar, ésta es tu mesa.»

Mefi-boset sentía que sus fuerzas se acababan. Entonces David, continuó: *«Desde ahora en adelante comerás conmigo a la mesa como uno de los hijos del rey. Ya no tendrás que mendigar por lo que te corresponde, ni estar escondido en el desierto. Estarás sentado a la mesa junto al rey. Ese es tu lugar. Si me permites, quiero ser para ti el Jonatán que impactó mi vida. Aprendí a atravesar mis valles y he visto mis estanques llenos del favor de Dios. Ven, es tiempo de beber de lo que Dios ha preparado para ti en estos estanques».*

El asombro de este hombre era evidente. Todo el camino creyó que el llamado del rey era una sentencia de muerte. Pero a partir de ese momento todo cambiaba. Una puerta de amor y misericordia se abría para él y toda su familia. Mefi-boset había hallado la provisión del Señor para salir del valle de la angustia y el dolor. El rey le estaba permitiendo recuperar su herencia y su verdadera identidad.

Quizás tu valle te resulte cómodo y seguro como para salir ahora. Hasta pienses que afuera parece todo amenazante. Pero Dios abre camino para que encuentres tu lugar de vuelta a casa. Que tu corazón tome aliento y decídete por salir de donde estás. Acude a la mesa del Rey y come con Él.

A través del perdón encontrarás la ruta hacia nuevos caminos que te guiarán de regreso a casa. El perdón es una decisión. Si lo ejercitas, abrirás puertas que el dolor ha cerrado. Es tiempo soltar perdón sobre la vida de aquellos que te han herido. Al liberarlos, tú también serás libre.

TU MISERICORDIA

¿Qué soy yo, para que me visites,
Y te acuerdes de mí Señor Jesús?
¿Qué te movió a perdonarme?
Tu misericordia, oh Dios
Me abrazó y el pasado olvidó.

Tu misericordia, es mejor que la vida.
Tu misericordia, puso en mí una canción,
Tu misericordia, vivifica al caído.
Tu misericordia oh Dios,
Me alcanzó y mi vida coronó.

JACOBO RAMOS [EQUIPO AIRE © 2004]

MI PASADO NO DETERMINÓ MI FUTURO

Nací y me crié en el seno de una familia humilde en Puerto Rico. Hasta los siete años mi vida era como la de cualquier niña; era alegre y divertida. Vivía con mis padres, mis dos hermanas y un hermanito. En fin, éramos una familia común.

Este escenario cambió cuando descubrí que mi madre le era infiel a mi padre. La noticia llevó su matrimonio a la destrucción. Mi padre se tornó en un hombre alcohólico y al cumplirse mis ocho años, murió de manera inesperada. Esa misma semana el hombre con quien mi madre le había sido infiel, comenzó a vivir con nosotros. Mi madre se convirtió en una mujer abusiva. Nos pegaba y gritaba sin ningún tipo de excusa. Dejó de alimentarnos y de mantenernos como era debido. De repente, mi mundo se convirtió en una real pesadilla.

Desde tan corta edad comencé a ir a los campos a recoger café para poder ganarme el sustento en mi casa. Cuando sentíamos hambre, tomaba a mi hermano menor y nos acercábamos a algún vecino para que nos diera de comer. Cada uno trataba de sobrevivir por su cuenta. Ya en este punto, mi corazón de niña se llenó de temor, coraje y frustración.

La situación se complicó al punto que mis hermanas mayores huyeron de la casa. En mi caso esperé un poco más. Pero finalmente también decidí huir. Me escapé con mi hermano una madrugada y caminé hasta donde vivía una tía.

Fue allí donde comenzó un peregrinar de hogar en hogar. Primero con familiares, luego con desconocidos. En cada uno, recibíamos el abuso y el rechazo de la gente que se había «ofrecido» para cuidar de nosotros. Sentí que la historia se repetía una vez más. La familia quedaba dividida y yo destruida. Tanta soledad y sufrimiento me llevó a desear la muerte al grado de intentar suicidarme en varias ocasiones.

A los 12 años comencé a vivir con una señora que aceptó que mi hermana mayor, mi hermano y yo viviéramos con ella. Éste era mi cuarto hogar. Ella era amable, buena y no tenía la intención de separarnos. A pesar de esto tuve problemas de conducta ya que era muy agresiva.

Al año y medio de estar en esta casa, la señora comenzó a congregarse en una iglesia cristiana y nosotros con ella. Aunque sabía que Dios existía, para mí estaba muy lejos. Allí en la iglesia, levantaba una pared de rebeldía e indiferencia. Pero el amor de Dios me alcanzó y un día acepté a Jesús. Sentí que no podía hacer o decir lo que siempre acostumbraba. A pesar de esto luchaba con un sentido de desconfianza, falta de amor, y baja autoestima.

A mis 15 años volví a tener a mis hermanos. Los cuatro estábamos juntos como al principio. Todos entregamos nuestro corazón a Jesús. Estaba agradecida a Dios por concederme el anhelo de mi corazón.

Un día, estando sola en mi habitación y pensando en mi futuro, le dije a Dios que no tenía un motivo para superarme. Cuando abrí la Biblia y mis ojos se posaron en el libro de Salmo 27:10: «Aunque mi padre y mi madre me dejaran, con todo, Jehová me recogerá». Decidí creer que Él era mi padre y madre. Ya no era huérfana.

Al pasar el tiempo comencé a conocer personas que eran un ejemplo para mi vida. Pude ver de cerca lo que era tener una familia verdadera. Dios comenzó en mí un proceso de sanidad para volver a confiar, amar y ser libre de mi pasado perdonando a todos los que me habían herido.

A los 17 años escuché por primera vez las palabras TE AMO. Fue en una reunión de la iglesia. Me sentí extraña, pero finalmente, me sentía amada por mis pastores, amigos, y sobre todo por Dios. Él perdonó mis pecados y yo fui libre al perdonar también. Pude abrir mi corazón para amar y dejarme ser amada.

Hoy día soy una profesional graduada de la Universidad. Me casé con un hombre maravilloso que me respeta, cuida y ama. Estamos en espera de nuestro primer bebé. Amo a mis hermanos y tenemos una relación más fuerte que nunca. También, hace un año me reencontré con mi mamá, le confesé mi perdón y le dije lo que Dios había hecho en mí. Creo en la familia y anhelo el día en que les enseñaré a mis hijos lo poderoso y fiel que es el Dios al que sirvo.

Ahora sé que perdonar produce sanidad en las vidas. El amar, trae libertad. La humildad es mi mejor defensa. La confianza es lo que me mueve.

ARLANY - DALLAS, TEXAS

Capítulo VII

UN VALLE, DOS RESPUESTAS

QUIZÁ, MIENTRAS HAS ESTADO LEYENDO ESTE ESCRITO, estés pensando en el tiempo que hasta hoy te ha tocado vivir. No sabes cómo llegaste a él, o peor aún, ignoras cómo salir. El valle desconocido al que nunca hubieras querido arribar, tocó a tu puerta anunciando su llegada. El tema en cuestión es que no todos logran comprender por qué el Señor permite que pasemos por estos valles.

Vivimos en un tiempo donde lamentablemente las verdades han sido distorsionadas. Nuestra manera de ver el éxito es una de ellas. Pues pareciera ser que atravesar alguna dificultad es sinónimo de fracaso. Entonces, lo primero que debemos redefinir es precisamente este concepto. Los valles son períodos de tiempo específicos, originados por diferentes razones, que Dios en su soberana voluntad permite que nos intercepten a lo largo de nuestra vida. El Señor usará precisamente estas etapas para que tomemos decisiones y definamos el sentir de nuestros corazones.

También hemos creado una falsa percepción y por ende una errónea expectativa en cuanto a que desde el momento que aceptamos a Cristo como nuestro Señor y Salvador somos inmunes a todo tipo de adversidad en esta tierra. Esto es totalmente inexistente, ya que tendremos que enfrentar el dolor, la muerte, la traición y la decepción. Jesús mismo les dijo a sus discípulos que en el mundo tendrían aflicción. Pero que confiaran, pues Él venció al mundo.

Ahora bien, ¿cómo responderemos al dolor o al sufrimiento como verdaderos hijos de Dios? Pues a decir verdad, existen diferentes situaciones por las que en algún momento de nuestra vida pasaremos.

1. **Lluvias autoprovocadas**. Son aquellas que se originan en algún momento histórico de la vida debido a errores, malas decisiones o pecados cometidos. Se genera una lucha interior en asumir la responsabilidad que uno tiene. Uno mismo abrió puertas, pero no quiere hacerse cargo de las consecuencias. La culpa se apodera de tu mente y corazón y te incapacita de tal modo que no te permite salir de allí.

2. **Lluvias de terceros**. Son aquellas que se originaron en la toma de decisiones de otros, y que nos llevan a experimentar un tiempo de dolor. Como por ejemplo, la infidelidad en la pareja, el abandono de un padre, la decepción o traición de aquellos en quienes confiaste, la muerte de un ser querido provocada por un extraño en la calle. Cada pérdida representa un momento de dolor y traición causado por terceros, pero que te afectó directamente a ti. Es común que se despierten sentimientos de inferioridad, rechazo y sentido de justicia. Sin embargo, tendrás que tomar la decisión de perdonar y liberar a los te hirieron.

3. **Lluvias naturales**. Son aquellas que llegan a nuestra vida motivadas por la vida misma. Son consecuencia de vivir en este mundo caído. La muerte natural de algún familiar o enfermedades congénitas. Sin embargo, en tu mente se desatará una batalla de pensamientos en los que te cuestionarás si Dios podría haber evitado esos sucesos; o por qué tiene que pasarte a ti.

UNA VERDAD QUE DEBEMOS ENTENDER

Salomón, sabio en su comprensión de la vida, al ver la condición de la humanidad observó una de las verdades más poderosas que ocurre cuando pasamos por adversidades en esta tierra.

Todo acontece de la misma manera a todos; un mismo suceso ocurre al justo y al impío; al bueno, al limpio y al no limpio; al que sacrifica, y al que no sacrifica; como al bueno, así al que peca; al que jura, como al que teme el juramento. Este mal hay entre todo lo que se hace debajo del sol, que un mismo suceso acontece a todos (…)

—ECLESIASTÉS 9:2-3A

En muchas ocasiones, cuando nos encontramos en medio de las tormentas de la vida hay una duda que se levanta en nuestra mente. Esa duda poco a poco comienza a empañar y fatigar el corazón. Es como si tuviéramos la impresión que los únicos que enfrentamos tiempos de dolor somos nosotros. Vemos las tragedias en las noticias, pérdidas y desilusiones; pero aún así, el día que nos llega la lluvia pensamos que solo a nosotros nos sucede. Es tiempo comprendamos que «un mismo suceso acontece a todos».

En nuestro peregrinaje en la tierra, cada uno de nosotros estamos sujetos al efecto del pecado: el hijo que perdió a su padre cuando era pequeño y desde entonces ha luchado con ese sentido de abandono; la mujer cristiana, fiel y trabajadora que ayudó a su esposo mientras él estudiaba y se convertía en todo un profesional para que luego se viera traicionada. O la niña que se crió viendo a su mamá ser maltratada y rechazada por su tercer marido, y ahora le cuesta creer que algún hombre la pueda amar y proteger. La madre que sufre en silencio al ver a su hijo llegar tarde por las noches sumido bajo los efectos de las drogas; o perdonar a aquel que lo introdujo en el vicio. El comerciante generoso y fiel a su esposa que aún después de esforzarse para darle lo mejor a sus hijos, ahora se da cuenta que su fortuna no le permite detener la enfermedad que atenta con la vida de su pequeño hijo. La familia que arriesgó su vida cruzando la frontera solo para enterarse que al otro lado los esperaban para ser engañados. El misionero, que luego de dar su vida por otros, ve a su esposa sufrir producto de un cáncer letal.

Al ver el retrato del mundo que nos rodea somos impresionados por el dolor y el sufrimiento en cada rincón del planeta. No obstante, cuando la adversidad toca nuestra puerta, todo parece cambiar y tomar una relevancia como nunca antes. Ya no es una historia más; sino nuestra propia vivencia. Es en esos momentos que creemos que nadie puede entender el daño que experimentamos.

El mundo está impregnado de sufrimiento por doquier. Sin embargo, también está saturado de aquellos que logran sobreponerse a los reveses de la vida superando cualquier crisis.

UNA VIDA DE SUPERACIÓN

Hellen Keller, es un ejemplo de vida. Escritora, activista y oradora estadounidense fue la primera persona sordociega que se graduó con honores en la Universidad de Radcliffe. Teniendo apenas diecinueve meses de vida fue afectada por lo que dieron en llamar «la fiebre de cerebro». Esta enfermedad le causó la pérdida de la audición y de la visión. Destinada a esperar que la vida terminara sin gloria, decidió vivir su vida a pleno. Todos los infortunios que enfrentó no fueron suficientes para detenerla. Galardonada con la Medalla Presidencial de la Amistad, y elegida como "La mujer del salón de la fama" en la Feria Mundial de Nueva York, en uno de sus discursos declaró que el mundo estaba lleno de dolor y lágrimas, pero recalcó que también estaba lleno del triunfo de aquellos que al verse cara a cara con la adversidad eran capaces de tornarla en bendición.

Poco antes de su muerte en 1968 a los 87 años de edad, le confesó a un amigo: «En estos oscuros y silenciosos años, Dios ha estado utilizando mi vida para un propósito que no conozco, pero un día lo entenderé y entonces estaré satisfecha».

Uno de los primeros secretos que debemos entender para poder enfrentar nuestros valles de lágrimas es la realidad de lo que experimentamos hoy. No solo que algunos ya lo han vivido, sino que han logrado superarlo. El ejemplo de su fe nos ha trazado un camino para continuar la carrera que tenemos por delante.

Todos tendremos que enfrentar en esta vida nuestros valles de lágrimas. Cómo los enfrentemos determinará lo que logremos en ellos. El pensar que solamente a ti te sucede lo que estás viviendo, podría resultar una forma peligrosa de afrontar el dolor. Pues nos estaríamos poniendo una trampa mortal al corazón. Sería lo mismo que decir: «Dios me ha abandonado; me ha dejado solo. A otros no, pero a mí sí». Es comenzar a luchar lentamente en nuestro interior con el argumento de que el atravesar este valle es la manera que tiene el Señor de decirte que ya no quiere saber nada contigo. Los otros son los favoritos de Dios y tú no. Es pensar que estás en medio de esa crisis porque el Señor ya no te ama. Con este patrón de pensamientos comenzamos a cuestionar, titubear y dudar del amor del Padre.

Recuerda lo que Salomón escribió, pues «todo acontece a todos». Eso incluye a lindos, feos, pobres, ricos, hispanos, europeos, cristianos o no. Desde el principio de los tiempos, todos vivimos esta realidad.

Todos no son algunos o unos pocos. Son todos, es decir, la suma de las partes, por entero y sin exclusión.

Una de las cosas que aprendimos de Adán y Eva es que Dios no abandona sus hijos a pesar de la condición donde puedan estar. Dios los viste con manto de amor y cuidado. Él nunca nos prometió que estaríamos fuera de esta realidad. Lo que nos asegura es que su amor nos cubrirá cada día.

CUESTIÓN DE ACTITUD

Jesús también tuvo que experimentar situaciones que entristecieron su corazón y que lo llevaron al valle de lágrimas.

Entonces Marta, cuando oyó que Jesús venía, salió a encontrarle; pero María se quedó en casa. Y Marta dijo a Jesús: Señor, si hubieses estado aquí, mi hermano no habría muerto. Mas también sé ahora que todo lo que pidas a Dios, Dios te lo dará. Jesús le dijo: Tu hermano resucitará. Marta le dijo: Yo sé que resucitará en la resurrección, en el día postrero.

—JUAN 11:20-24

Marta, María y Lázaro eran amigos de Jesús. Estos tres hermanos vivían en Betania. Pero Lázaro estaba enfermo. Marta y María enviaron a Jesús un mensaje avisándole de la situación de su hermano. Por lo que Jesús decidió quedarse en Betania unos días más. Al llegar a la casa se encontró con un escenario muy diferente al que habitualmente lo recibía. La fiesta que caracterizaba la llegada a esta casa fue sustituida por luto y lágrimas. Todo el ambiente estaba lleno de dolor por la pérdida de Lázaro.

Allí estaban Marta y María rodeadas por muchos que habían asistido a consolarlas. Pero cuando Marta escuchó que Jesús había llegado salió a encontrarle, mientras María permanecía en la casa. Al verlo, le dijo: «Señor, si hubieses estado aquí, mi hermano no habría muerto». No solo le estaba haciendo saber que Lázaro había muerto, sino que además le estaba reprochando que Él no había estado allí. Entonces Jesús, le respondió: «Tu hermano resucitará».

Sin embargo, Marta no pudo comprender las palabras de Jesús por el dolor que la invadía. Ella aludió la respuesta a que resucitaría con todos los muertos. Jesús comprendía su dolor, solo que Marta no lograba entender el amor del Señor.

El dolor, si no es enmarcado dentro de los parámetros del trato de Dios para tu vida, entonces es capaz de cegarte y privarte de ver la obra del Señor.

Marta, centrada en sí misma, reconocía que en un futuro Lázaro resucitaría. Pero ella buscaba una respuesta inmediata que pudiera comprender su pérdida. Muchos actuamos como Marta y juzgamos los acontecimientos desde esa misma posición. Entonces abrimos la puerta al salón de las víctimas, donde reinan la conmiseración y la victimización.

Desde este lugar las cosas no se ven nítidas y rigen la confusión y la distorsión de la verdad. Todo comienza a deformarse. Este estado interior nos viste de trapos que no nos permiten caminar con libertad. Lo único que logran es llevarnos a ver todo a través de nuestra herida o nuestro dolor. Ya no es la voz del Señor la que nos define, sino lo que nos está sucediendo. No somos capaces de asimilar las verdades y promesas que provienen de Dios.

Otros, en su afán de encontrar la causa que los ha arrastrado hasta el valle de lágrimas, ven pasar sus vidas esperando dar con el responsable de su situación. Desean tener delante al culpable para que de alguna manera reciba una retribución por sus acciones. Esto podría ser muy entendible, pero no menos peligrosa. Si buscamos un causante, es probable que lo encontremos. Siempre habrá alguien a quien culpar por la condición que vivimos hoy. Lo tremendo es que quizás se nos vaya la vida en el intento. Sobre todo, si hallamos la persona y hace caso omiso de nuestros descargos.

No tenemos la capacidad de controlar las acciones y reacciones de los demás. Solo podemos hacernos cargo de nuestras actitudes y decisiones. Por eso Jesús nos invita a ejercitar el perdón.

En el otro extremo tenemos a María viviendo las mismas circunstancias pero con una actitud totalmente diferente: un valle y dos respuestas.

> María, cuando llegó a donde estaba Jesús, al verle, se postró a sus pies, diciéndole: Señor, si hubieses estado aquí, no habría muerto mi hermano. Jesús entonces, al verla llorando, y a los judíos que la acompañaban, también llorando, se estremeció en espíritu y se conmovió, y dijo: ¿Dónde le pusisteis? Le dijeron: Señor, ven y ve. Jesús lloró. Dijeron entonces los judíos: Mirad cómo le amaba. Y algunos de ellos dijeron: ¿No podía éste, que abrió los ojos al ciego, haber hecho también que Lázaro no muriera?
> —JUAN 11: 32-37

Yo tengo la certeza que las preguntas que tenía Marta eran las mismas que se paseaban en la mente de María. Sin embargo, al ver su respuesta nos damos cuenta que había algo distinto en cómo María estaba manejando las incertidumbres. Por eso, al llegar donde estaba Jesús, se postró. Decidió hacer lo que sabía hacer mejor, correr a los pies del Maestro y adorarle. María, más que exigirle algún tipo de respuestas, y a las cuales tenía derecho, prefirió reconocer el Señorío de Jesús. Con ese acto estaba derramando su corazón y declarando: «Jesús, no existe nada que te quite del centro de mi corazón ni que haga menguar mi fe». María tenía certeza del amor que Dios le tenía.

Por alguna razón, hemos tenido la impresión que a Dios le incomodan nuestras preguntas. Más aún cuando ellas provienen de situaciones que no logramos entender.

A Dios nunca le ha molestado que tengamos preguntas para Él. Pero espera que esas preguntas se realicen en el lugar apropiado. Por eso el salmista declaró:

> Una cosa he demandado a Jehová, ésta buscaré; que esté yo en la casa de Jehová todos los días de mi vida, para contemplar la hermosura de Jehová, y para inquirir en su templo. Porque él me esconderá en su tabernáculo en el día del mal; me ocultará en lo reservado de su morada; sobre una roca me pondrá en alto.
>
> —Salmo 27:4-5

David una sola cosa buscaba y le pedía al Señor: Estar delante de su presencia todos los días de su vida. Pues, ¿qué secreto había allí? Él sabía que entonces podría contemplar la hermosura de su Dios. Se presentaría delante de su Señor en el lugar santo y acabaría todas sus preguntas. Ese era su refugio para socorrerlo en el día del mal.

Aquellos que se animan a cambiar sus valles de lágrimas en fuentes, se caracterizan por:

1. Correr a la presencia de Dios en el día del mal para buscar refugio.

2. Reconocer la grandeza de Dios a pesar de todo lo que experimentan.

3. Presentar sus preguntas a los pies de nuestro Dios.

Los que no hallan el lugar apropiado para derramar su corazón, tienden a que las lluvias de su vida se intensifiquen aún más. Esto debilita y confunde el corazón, pues en definitiva, están sustituyendo la voz del Señor. Es lícito buscar consejo y dirección. Pero debe hacerse con quien pueda ayudarte y acercarte a la verdad de Dios. De lo contrario, te estarás arriesgando a recibir una palabra que quizás te mantenga atrapado y dando vueltas en el mismo valle.

Jesús se conmovió y se estremeció en espíritu al ver a María llorar. De tal manera se inquietó, que dice la Escritura que lloró (Juan 11:35). Éste es el versículo más corto que encontramos en todo el relato bíblico. Sin embargo, encierra un retrato fiel y preciso del carácter de Dios. Él se compadece de nosotros. Su corazón se estremece cuando sus hijos se duelen.

Marta y María. Dos hermanas, una misma pérdida, dos respuestas distintas. Ambas se enfrentaron a la realidad del dolor. Lo vieron cara a cara. Y allí, en medio de su aflicción, Jesús fue conmovido por la fe de María. Marta vio en Jesús la fuente para sus respuestas. María, en cambio, corrió a Jesús como motivo de su adoración y derramó su corazón. Sabía que si lo tenía a Él, lo poseía todo.

Tú tienes que saber que Dios nunca es ajeno a nuestro dolor. Espera y confía. Él es capaz de hacer cosas grandes y maravillosas más allá de ti mismo, de tus limitaciones y de tus interrogantes.

Capítulo VIII

EL SALÓN DE LAS VÍCTIMAS

MUCHOS DE NOSOTROS NOS HEMOS VISTO REFLEJADOS en la actitud que tomó Marta. Invadidos de peguntas y cuestionamientos a la espera de alguna respuesta que satisfaga nuestras inquietudes y alivie el dolor. Pero es exactamente en estos momentos donde debemos determinarnos a salir del valle, aunque esto signifique pedir ayuda.

Sin embargo, debes saber que no todas las puertas que se abren ni todas las que se cierran provienen de Dios. Solo una podrá sacarte a lugar espacioso, a pesar de que todas aparenten ser la salida. Debes estar atento, porque aceptar la salida que te ofrece la puerta equivocada podría precipitarte e influir tu corazón y mente con mayor confusión y dirigirte al salón de las víctimas.

Ahora bien, ¿cómo se puede identificar a quien va camino a convertirse en una víctima más o ya lo es? Permíteme que veamos juntos algunos aspectos.

1. El dolor se convierte en el centro de sus vidas.

Recuerdo una ocasión en que conversé con un hombre en mi oficina. Era la primera vez que lo veía. Procuraba conocerle. Él necesitaba mi ayuda, pues había experimentado una decepción en su vida.

Comencé haciéndole algunas preguntas sobre su trasfondo para sentar una base. Mientras hablamos, de repente, algo llamó poderosamente mi atención. Cada vez que aludía a algún momento de su vida, tomaba como referencia en el tiempo el evento de su decepción. Por ejemplo, nombraba cosas tales como: «Yo solía ir al gimnasio antes de...». Todo en su vida estaba anclado a su desgracia. Su relato se resumía en «un antes» y «un después». Entonces el Señor me hizo ver algo que hasta ese día no había notado. Le inquirí: «¿Te has percatado que toda vez que mencionas un evento de tu vida usas tu decepción para precisar cuándo sucedió?». Continué: «¿Has notado que todas las actividades de tu vida giran alrededor de lo que pasó?». Se hizo un silencio. Él estaba sorprendido. No podía creer lo que estaba escuchando. Siempre solía decir que no permitiría que su vida estuviera determinada por su pasado. Sin embargo, su vocabulario y lenguaje decían lo contrario.

Juntos llegamos a la conclusión que su vida, sus actividades, sus labores, absolutamente todo giraba alrededor de la herida que le habían causado. Ese día comenzamos el proceso para salir del salón de las víctimas donde él mismo se había colocado.

Ver cómo este hombre recibió de buen agrado mi observación me dio una gran alegría. No siempre se acepta el consejo en esta primera etapa. Por el contrario, al haber una resistencia visible, rehúsan toda observación porque se sienten criticados. Usan frases como: «Me siento presionado. No me gusta sentirme así». Sin darse cuenta, comienzan a rechazar relaciones, consejos, verdades y lugares que les hagan tomar una decisión. Abandonan precisamente lo que necesitan.

Sus conversaciones se tornan alrededor de todo lo ocurrido. Sus sueños o la falta de ellos, y todos sus intereses, son dirigidos por aquella experiencia que los marcó. Continúan definiéndose a sí mismos a través de la imagen que el enemigo inculcó en sus mentes a partir del dolor. Quizás ha llegado la hora de soltar los vestigios del pasado.

2. No asumen su responsabilidad.

Desde que se abraza una mentalidad de víctima, todos nuestros pensamientos comienzan a justificar nuestras malas actitudes, temores y costumbres dañinas. Nos paralizamos, pues sentimos que son otros los que tienen que asumir la responsabilidad de lo que nos sucedió. Nuestro pensamiento repite el clamor de Marta: «Si hubieses estado, esto no hubiese pasado».

Cuando uno viene con este patrón de pensamientos, uno podría pensar que alguien es responsable por lo que ha sucedido. (En los casos que son heridas causadas por otros.) Si esa persona no se hace responsable, algo en nuestra mente decide que entonces el mundo debe ser responsable. Desde ese momento todos deben pagar por lo que alguien hizo o dejó de hacer.

Esta mentalidad es dañina y peligrosa. Nos lleva a evadir toda nuestra responsabilidad para cambiar el valle de lágrimas que estamos atravesando. Si tú no asumes la responsabilidad de tu condición, estarás permitiendo que se debilite tu capacidad de restauración. No dejes en manos de los que te hirieron ayer, la restitución de hoy. Decide en esta hora cambiar la tierra árida de tu corazón por tierra fértil.

No dependas de los otros emocionalmente. Muchos prefieren que los demás tomen las decisiones que les competen a ellos. Se generan relaciones de dependencia no sana, enfermizas. El hecho de estar relacionado con alguien maduro en la fe es de mucha bendición y un recurso valiosísimo. Sin embargo, es oportuno evaluar si esas relaciones te han transformado en una persona dependiente de las decisiones de los otros. El fruto de una relación sana se manifestará en crecimiento y madurez en tu vida.

3. El temor es el motor que los impulsa.

Al encontrarse nuevamente en un lugar de decepción, el miedo los induce a huir de la toma de decisiones. Prefieren que otros decidan por ellos. Así será más fácil evitar ser desilusionados nuevamente, pensando que tal vez su intento no será frustrado. Podrían pensar que si intentan y fallan, no serían ellos los decepcionados sino otros. Pues:

a. Esperan que otros tomen responsabilidad por todo lo sucedido. Y cuando se enfrentan a una verdad que los hará libres, encuentran argumentos para detenerse.

b. No logran entender por qué ellos deben perdonar a quienes les hirieron. Llegan hasta el punto de enojarse con Dios por pedirles algo que no tienen la capacidad de hacer o porque simplemente creen que es injusto.

c. Se sienten muy frágiles para tomar solos pasos firmes hacia una libertad.

d. El miedo continúa presente.

El que cambia los valles de angustia es aquel que no se deja vencer por la voz del temor. Persiste, insiste y camina con fuerza.

El Señor es nuestra fortaleza y nuestro castillo fuerte. El creer en él, más allá de nuestros temores e incertidumbres, nos permite caminar en una dimensión de fe sobrenatural como nunca antes hemos sido capaces de experimentar. Dios se compadece de nosotros y conoce nuestra condición. Él nos acompañará cada paso del camino. El Señor nunca nos pedirá aquello que no somos capaces de ofrecer.

El que diga en esta vida que el temor no ha tocado a su puerta, tal vez no es humano. La naturaleza caída del hombre trae consigo el temor. Pero la fe no está fundamentada en lo que se ve, siente o percibe, sino en lo que Dios dice respecto de mí y de Él mismo. Debemos esforzarnos y ser valientes para confiar en la voz de Dios una vez más.

> Debemos edificar diques de valentía que resistan las inundaciones del temor.
> MARTIN LUTHER KING, JR.

DESPUÉS DE LA NOCHE

Pedro se encontraba en la orilla recogiendo su red. Ya estaba listo para darse por vencido como el boxeador que cuelga sus guantes. Lo había intentado varias veces y no funcionaba. Se decía a sí mismo que tal vez eso no fuera para él. El pescador experimentado estaba siendo frustrado en el mismo campo que había visto sus mejores días de gloria.

Debido a su fracaso, el pescador que estaba acostumbrado a pescar mar adentro se conformó con la orilla. Fue allí donde se encontró con el Maestro quien le pidió la barca para desde allí enseñar a la multitud. Cuando Jesús terminó de hablar, dirigiéndose a Pedro le dijo: «Boga mar adentro y echa la red para pescar». Pero Pedro comenzó a explicarle a Jesús que habían estado toda la noche trabajando y nada habían pescado. Así que no valdría la pena seguir intentándolo. Al igual que muchos de nosotros, Pedro se había debilitado en sus esfuerzos y ya no tenía la capacidad de creer. ¿Podría acaso un carpintero saber más que un pescador sobre cómo pescar? Entonces Pedro, decepcionado responde: «Maestro, toda la noche hemos estado trabajando, y nada hemos pescado (...) (Lucas 5:5a).

Le estaba intentando decir que Él no sabía todo lo que había tenido que pasar. No era el momento para Jesús pudiera recomendarle hacer algo. Había estado despierto toda la noche. ¿Cuántas veces nosotros también nos hemos encontrado en la orilla en lugar de remar mar adentro? No cabe duda que el temor nos envolvió. Esos son los momentos donde debemos creer no en lo que vemos, sino en lo que Dios está viendo en su eternidad. Es necesario que aquí tomemos las decisiones que marcarán nuestra vida. Ellas serán el cimiento para nuestro diario andar.

Pedro ya no tenías más fuerzas dentro de él para continuar. Solo lo sostenía la Palabra del que era Pescador de hombres. Entonces resuelto le dijo: «(...) mas en tu palabra echaré la red» (Lucas 5:5b).

Vez tras vez hemos intentado echar la red a nuestra vida. Sin embargo, no hemos conseguido los resultados esperados. Pretender hacerlo una vez más nos parece tiempo perdido. El haber permanecido tanto tiempo en la orilla, no permite que nos atrevamos a bogar ahora mar adentro. Pero allí está el lugar de la comunión plena con el Señor en libertad y sanidad total.

Pedro debía definir como nosotros qué iba a hacer. Estaba siendo desafiado por el Señor de señores y Rey de reyes. Así que tomó la decisión de su vida. Le creyó a Jesús y pronto vio los resultados.

> Y habiéndolo hecho, encerraron gran cantidad de peces, y su red se rompía. Entonces hicieron señas a los compañeros que estaban en la otra barca, para que viniesen a ayudarles; y vinieron, y llenaron ambas barcas, de tal manera que se hundían.
>
> —Lucas 5:6-7

Esto es cambiar los valles de lágrimas en fuente. Algo que parecía ir camino a la destrucción, se tornó en bendición. Pedro no solo vio una pesca que lo impresionó y le permitió conocer una porción del corazón de Dios, sino que también su obediencia y determinación provocó que otros vieran a Dios cuidándoles y amándoles. Tuvieron una pesca nunca vista. Su red no daba a vasto; por lo que tuvieron que llamar a sus compañeros para que los ayudaran.

En el pasado, hubo ocasiones donde mi mente y corazón luchaban por creer lo que Dios decía de mí. La duda me atormentaba. Y el enemigo alimentaba aún más mi incertidumbre y mi enfermedad. Me afligía con palabras como: «Tú conoces tus debilidades, pecados e inseguridades. Dios nunca podrá usarte. Eres un fracaso». Regresaba a la orilla una y otra vez. Deseaba darme por vencido. Sin embargo, una noche algo sucedió. Sentí que el Señor se acercaba con voz compasiva y me preguntaba: «¿Jacobo, quién conoce más sobre ti, tú o yo?». Entonces respondí: «Tú, Señor». «¿Quién sabe más?» «Solo Tú, Señor.» «¿Quién ha visto más?» «No hay duda que Tú, Señor.» Estas palabras fueron suficientes para entender que la voz que tiene que sonar fuerte en nuestro corazón es solo la voz de Dios. Decide hoy por su Palabra lanzar una vez más tu red.

A lo largo de estos años, he aprendido a transformar los tiempos de adversidad en mi vida en bendición. En cada momento difícil corro a la presencia de Dios y derramo mi corazón delante de Él. Los tiempos de incertidumbre, dolor y escasez, se han convertido en fuentes inagotables de recursos en Dios. Y hasta muchas de ellas han tomado forma de canciones.

De cada experiencia vivida ha surgido una declaración de fe y certeza en Dios. Ésta ha sido mi oración:

NO TEMERÉ

Alzaré mis ojos a los montes,
De dónde vendrá mi socorro.
Mi socorro viene de Jehová,
Que hizo los cielos y la tierra.
Jehová es mi pastor… nada me faltará;
Aunque ande en valle de sombra y de muerte,
No temerá mi corazón

Y diré, //no, no, no temeré//
no temerá mi corazón.

Aunque un ejército
acampe contra mí.
No temerá mi corazón.
Aunque contra mí se levante guerra…
estaré confiado en mi Señor.

LETRA Y MÚSICA: JACOBO RAMOS
© 2004 EQUIPO AIRE

> Si quieres conquistar el temor, no te sientes en casa a pensar sobre el asunto. Sal y ponte a trabajar.
> DALE CARNEGIE, ESCRITOR Y ORADOR

4. La justificación es la excusa perfecta.

Por lo general, viven resentidos con los demás por no haberlos sacado del lugar donde se encuentran.

a. Miran hacia atrás y se lamentan por pensar que alguien pudo haber hecho algo para prevenir lo sucedido. Si finalmente no encuentran a alguien por medio de quien justificarse, luchan con la idea de porqué Dios les decepcionó.

b. Uno de los puntos más difíciles de enfrentar es cuando la persona siente y tiene convicción que Dios la ha decepcionado. Sin embargo, el Señor desea consolarla y vendar la herida.

Nuestra naturaleza nos lleva a depositar en otros la responsabilidad de nuestra condición. Tal es el caso de Adán y Eva. Eva justificó sus actos en que había sido la serpiente la responsable de sus actitudes: *«La serpiente me engañó, y comí»*.

Adán por su parte, y para sorpresa de Eva, la hizo responsable a ella: *«La mujer que me diste por compañera me dio del árbol, y yo comí»*. Y en definitiva, lo hizo responsable a Dios.

¿A quién más podría culpar? Con una sola declaración, no solo culpó a Eva, sino que también incluyó a Dios por darle la mujer. Dos responsables con una sola declaración. Lo interesante es que desde entonces, todos somos expertos en esta materia.

Los valles de lágrimas permiten que maduremos y crezcamos. Nos enseñan a dejar de lado lo que es de niño, pues el niño no asume su grado de responsabilidad. Nuestra manera de hablar, madura. Nuestra forma de pensar, crece. Y nos atrevemos a tomar decisiones en Dios.

«Cuando yo era niño, hablaba como niño, pensaba como niño, juzgaba como niño; mas cuando ya fui hombre, dejé lo que era de niño.»

—1 Corintios 13:11

5. La queja y el resentimiento son parte de su vocabulario.

Caminan por el salón de las víctimas con una constante queja en sus labios. La misma herramienta que usan para desahogarse les impide ver la salida en medio de la lluvia.

Veamos algunas razones por las que la queja destruye el alma:

a. Es la mejor semilla que podrás encontrar para cosechar un corazón amargado.

b. Es la alabanza del corazón cansado que pone toda su atención y devoción en su necesidad, escasez y dolor.

c. Agranda nuestra necesidad y opaca el poder de Dios.

d. Intenta tomar el centro de toda tu existencia. Todas nuestras actitudes se hacen esclavas de sus pensamientos.

e. Es una de las armas mejor usadas por el enemigo para desanimar, confundir y robar las fuerzas del más firme y fuerte corazón.

f. Es una venda para los ojos. Al caminar te impide ver lo que el Espíritu de Dios está obrando en ti.

Lo contrario de la queja es la alabanza. Ella es la que te permite entrar en una dimensión de fe mayor, donde Dios se hace presente en tu corazón. Te ayuda a ver lo que Dios continuamente hace en ti. Te reenfoca en el Dios que ha prometido estar contigo todos los días de tu vida. Como escribió el salmista:

> ¿Por qué te abates, oh alma mía, y por qué te turbas dentro de mí? Espera en Dios; porque aún he de alabarle, Salvación mía y Dios mío.
>
> — SALMO 42:11

> Enmudecí con silencio, me callé aun respecto de lo bueno; y se agravó mi dolor. Se enardeció mi corazón dentro de mí; en mi meditación se encendió fuego, y así proferí con mi lengua.
>
> — SALMO 39:2

La alabanza es una de las herramientas más poderosas que podemos usar en esta travesía de la vida. Ella provoca que Dios regrese a ser el centro de toda tu devoción, propósitos y anhelos. Miras las cosas con una perspectiva diferente. Te hace confiar al ver que Dios es más poderoso de lo que hayas imaginado. Al dar alabanzas al Nombre de Dios, estamos declarando lo que ha hecho, hace y es capaz de hacer.

Al alabar, provoco que se active en mi mente un recurso eficaz: proclamar la grandeza de Dios. David declaró: «Bendice alma mía al Señor y no olvides ninguno de sus beneficios». El olvido es veneno a mi alabanza.

¿Podrás recordar algún favor de Dios que merezca hoy tu agradecimiento? El recuerdo provoca que mi alma se avive y pueda perseverar. Al alabar le recuerdo a mi alma quién es Dios para mi vida. Mi alma puede esperar en Dios al recordar su poder.

No importa en qué etapa de tu vida te encuentres. Siempre recuerda que está prohibido olvidar. ¡Cambia tu queja por alabanza!

Cuídate de no olvidarte de Jehová tu Dios, (...) no suceda que comas y te sacies, y edifiques buenas casas en que habites, (...) y se enorgullezca tu corazón, y te olvides de Jehová tu Dios, que te sacó (...) de casa de servidumbre. (...) Sino acuérdate de Jehová tu Dios, porque él te da el poder. (...) Mas si llegares a olvidarte de Jehová tu Dios (...) yo lo afirmo hoy contra vosotros, de cierto pereceréis.

—Deuteronomio 8:11-19

Bendice, alma mía, a Jehová, y bendiga todo mi ser su santo nombre. Bendice, alma mía, a Jehová, y no olvides ninguno de sus beneficios. Él es quien perdona todas tus iniquidades, el que sana todas tus dolencias; el que rescata del hoyo tu vida, el que te corona de favores y misericordias; el que sacia de bien tu boca de modo que te rejuvenezcas como el águila.

—Salmo 103:1-5

6. Las experiencias nuevas son definidas por el tiempo de dolor antiguo.

El salón de las víctimas nos lleva a ponernos a nosotros y a nuestro dolor en el centro de toda nuestra existencia. Desde el día en que entramos a este salón vivimos para huir del dolor que hemos experimentado. Con este motivo nos acercamos a Dios buscando que supla el alivio a nuestro dolor.

El que habita en el salón de las víctimas ha hecho de su dolor el centro de todo, por lo que nos cuesta poner a Dios como el centro de nuestra vida. Nuestra herida se ha convertido en el motivo de nuestra atención. Dios ha sido desplazado. Ya no lo vemos como Dios y Señor, porque lo único que tenemos presente es la injusticia que hemos experimentado.

Aquellos que transitan de ida y de vuelta por estos pasadizos, no toman las llaves que abrirán las puertas para salir de este valle de angustia y desolación: el perdón y la Palabra de Dios. Perdonar implica dejar los argumentos de lado para creerle al Señor. Por eso, preferimos habitar en las tiendas de la mediocridad. Pero es imprescindible abandonar el manto de víctima para abrazar el poder de Dios.

El que tiene mentalidad de víctima ve limitada su capacidad en Dios. Es difícil que se encuentre siendo un vaso pleno de bendición y transformación, si no ha visto su vida restaurada. Sin perdonar no se puede hablar del perdón.

Al continuar herido, no podrás comprender las nuevas temporadas que Dios tiene para ti. Sin soltar lo que te ha ocurrido, ¿cómo podrás correr hacia lo que Dios te ha preparado? Quita de tu vida todo prejuicio y vivirás una vida en la libertad a la que Cristo te ha llamado.

Algunos tratan de mantener su condición viva hiriendo a otros. He visto que cuando alguien trata de herirte en esta vida lo único que hace es sacar a la luz su propia herida. Su confianza es debilitada pues cada vez que toca a la puerta el recuerdo de lo sucedido regresan al valle. Es tiempo de salir de este salón de víctimas y déjate rodear por una sanidad total y completa en cada área de tu vida.

> Nunca he contado una historia de víctima, sobre mi encarcelamiento. En vez, he contado una historia de transformación, de cómo la cárcel cambió mi perspectiva de la vida, cómo vi que la comunicación, la verdad y la confianza son el corazón del poder.
> FERNANDO FLORES, PRISIONERO POLÍTICO CHILENO

EL ANTÍDOTO

Tengo una buena noticia para darte. Existe un antídoto para los que están presos en esta condición. Muchos desean salir, pero no todos dan los pasos para crecer.

He aquí algunas consideraciones a tener en cuenta:

1. Busca a Dios en oración y confiesa tu debilidad.

2. Reconoce a Dios en tu vida. Hazlo Señor de tus pensamientos, actitudes y sentimientos.

3. Restaura tus relaciones:
   a. Decide perdonar y liberar a los causantes de tu herida.
   b. Aprende a amar en libertad.
4. Comienza a redefinir la cicatriz del pasado.
5. Sustituye tus pensamientos limitantes con liberadores principios bíblicos.
6. Ama el consejo de Dios más que tus opiniones y creencias.
   a. Comienza a valorar con mayor peso la Palabra y los principios bíblicos.
   b. Busca un líder que te ayude a crecer en esta área.
   c. Comienza a atesorar el consejo de tus líderes.
   d. Comienza a filtrar tu realidad a través de la luz de la Palabra de Dios.
7. Haz tus preguntas en el lugar correcto.
   a. Preséntate delante de la presencia de Dios. Él te responderá.
   b. Siéntate a conversar con tus líderes y mantén cuentas cortas.

Deja que Dios deposite su gracia sanadora y transformadora. Verás maravillas acontecer en tu vida y en las que te rodean.

Capítulo IX

NO SE SUPONE QUE ESTÉ AQUÍ

E L PEGAJOSO RITMO SALÍA POR LAS BOCINAS de sonido. Era evidente que algo inusual ocurría. Todos salían a ver cuál era el motivo de tanta conmoción. El almacén del barrio atendía a los clientes de siempre. Mientras el vecino pedía la leche, el pan y la acostumbrada lata de salchichas, a lo lejos se escuchaba la muchedumbre de la caravana política y el tintineo de la pianola en la banda de acero que acompañaba la misma. Era año de elecciones y cada político estaba «tirando la casa por la ventana» para impresionar a los votantes. Las calles se llenaban de alegría.

Por eso, en cada casa, todos buscaban un hueco por las ventanas de madera para ver si podían disfrutar un destello del espectáculo sorpresa. Eran tiempos diferentes. Tiempos de muchos cambios dramáticos, incertidumbre y desasosiego. Eran los años 60. El lugar... Mayagüez, Puerto Rico.

La caravana era un espectáculo que nadie se quería perder. Ya se veían que todos en las casas iban saliendo para ser parte de este evento. Algunos desde los viejos balcones de madera comenzaban a dar sus pasos de baile uniéndose al contagioso patrón musical que traía la carroza. Otros, aplaudían con sus manos a la poderosa cadencia de la clave boricua. Pa, pa, pa... PA, PA retumbaba la clave.

Amor a primera vista

En la casa de la esquina de la calle 4, había una familia muy conocida en el barrio Dulces Labios. Era la familia de los hermanos Marco. Una familia de tradición de circo. En la casa sólo estaban las chicas. Los varones se pasaban principalmente atendiendo el circo junto al patriarca, mejor conocido como

Papi Hiram. Él y sus hermanos salían a montar el circo en diferentes partes de la isla y fuera de ella. Por eso, pasaban gran parte del tiempo fuera de su casa.

La vida de los Marco era agridulce. Con tradición de gitanos, había estado toda una vida brincando de un lugar a otro. Como parte de este rito circense habían tenido que aprender a defenderse de todos y de todo. Entre ellos moraba un espíritu de lucha que se combinaba con un espíritu afable y lleno de humor que ocultaba el desorden familiar que se vivía. Con todo, cuando los chicos llegaban junto a Papi Hiram todo era motivo de alegría y de dolor.

Cada vez más, las visitas del padre de familia se transformaban en tiempos de violencia que todos querían evitar. Muchas de sus hijas vivían en la casa sometidas y bajo terror al verlo llegar. Sin querer, en un sin número de veces, desearon no tener que vivir bajo semejante presión. En ocasiones era mejor que no llegara. Nada parecía suficiente para agradarle. Nadie entendía el dolor que él también a su vez llevaba. Su crianza tampoco había sido fácil. Desde muy joven, había tenido que hacerse responsable del negocio de la familia. Sentía que había muchas cosas que se le escapaban. Tenía tantos asuntos sin resolver que no había tiempo para detenerse en el camino. Era necesario seguir caminando sin poder soltar el equipaje que le pesaba en la marcha. Sabía que debía aprender a manejar su insatisfacción. Solo sabía una manera de cómo hacerlo. Se enfrentaba violentamente a todo lo que se le ponía delante. Ése era su orgullo. De ese modo sabía enfrentarlo todo.

Mamita, como se conocía a la madre, trataba incesantemente de unir los dos mundos, entre los hijos heridos y el padre que aún no lograba entender. Ella se había convertido en el refugio de todos. En silencio callaba su dolor.

En el matrimonio las cosas no iban nada bien. Tampoco ayudaba el saber que Hiram mantenía una supuesta fama gitana de tener hijos fuera del seno del hogar. Era un dolor que complicaría la vida de todos. Parecía una ironía, el padre era admirado en la calle y temido en su casa.

Las chicas eran muy conocidas entre los chicos por su belleza distintiva. Todas sobresalían por su encanto y por tener la capacidad de defenderse ante cualquier amenaza. Eran jóvenes que no se quedarían calladas ante nadie. La vida de circo era muy dura y les había enseñado a toda la familia a ser así. Duros y dispuestos a dar batalla, la gente de circo no era bien vista para esos tiempos. Se los consideraba como personas que no vivían de manera común. Sencillamente eran diferentes.

No se supone que salieran al balcón. Por lo menos, esas eran las instrucciones del padre. Mucho menos para generar algún tipo de desorden. No obstante, Papi Hiram no estaba en casa, así que salieron. Desde el balcón disfrutaban con gran entusiasmo cada minuto de esta caravana. Era el mejor show preparado para ellos. Por un minuto todos en la calle se olvidaron de sus penas y dolores. En la casa del vecino nadie recordaba que en la alacena no quedaba para darle comida para los chicos. En la casa, tanto las chicas como Mamita se olvidaban de la tristeza derramada en las almohadas de la noche. Cada pared tenía una historia. Cada esquina de la casa contenía un recuerdo. Algunos de los cuales eran dignos de borrar.

Eran muchos los músicos que se encontraban en la pequeña tarima que se paseaba por el barrio. Entre ellos había un chico que llamó la atención de una de las pequeñas de la casa. Se llamaba Elliot. Recientemente había aprendido a tocar su instrumento y estaba apasionado de cuerpo y alma en su ejecución. Era notable su emoción. A la distancia se percató de una de las chicas. Estaba en el balcón de las Marco. Era Dwina. Sus ojos fueron puestos en ella y no pudo quitarlos hasta pasar la casa. Ese día se despertó algo que sin saberlo duraría años.

Comenzar con el pie izquierdo

Dicen que lo que empieza mal está destinado a terminar mal. Elliot se dio a la tarea de darse a conocer y poco a poco fue ganando terreno en el corazón de la joven muchacha. Él no era bien recibido por Papi Hiram. Era un Puerto Rico muy diferente al de ahora. Todavía no había llegado el impacto de la Internet, el Rubik´s Cube (o Cubo Mágico), el control remoto y los mensajes de texto. Tampoco Puerto Rico había ganado aún su primera corona del certamen de Miss Universo. Luego vendrían cuatro más. Todo era antes de Barack Obama, por lo que Puerto Rico era un país que sufría de prejuicio racial.

Elliot venía con un equipaje que no podía soltar. Era de tez negra. Eso no le agradaba al patriarca de los descendientes de Rusia y Serbia. Era el único hijo de Elliot padre y de Carmen Ida. Gente de clase pobre y muy trabajadora. El padre había dedicado su vida a trabajar como soldador en la Central Igualdad de la caña de azúcar. Ella dedicaría su vida a ser servidora de un comedor de escuela pública. Vivían en el otro barrio cercano del pueblo mayagüezano, en la calle Conde del Barrio Colombia. Sin embargo, esta familia enfrentaba sus propios problemas.

El padre era muy trabajador, se pasaba gran parte de su vida trabajando. Siempre llegaba tarde a la casa. Su ausencia se hacía notable. Elliot padre, era un buen proveedor, pero estaba desligado de la vida cotidiana de la casa. Esta ausencia paternal provocó que desde los doce años el hijo se encontrara andando con los grupos menos deseados del barrio. Fueron estos individuos los que le ofrecerían aquella sustancia ilegal que se convertiría en una puerta de maldición para su vida.

A esa temprana edad ya estaba experimentando con drogas y andando con el grupo más peligroso del barrio. La marihuana y el alcohol formaban parte de su vida. Ya eran sus acompañantes; aunque nadie en la familia sabía de su hábito secreto. Cuando conoció a la muchacha, lo menos que pensó ella es que la vida de Papo, como le decían, ya estaba ligada por estas debilidades. Sus hábitos marcarían gran parte de sus vidas.

La relación se tornaba cada vez más complicada. El papá de Dwina no quería que se vieran y se los advirtió. Parecía que la advertencia llegaba a oídos sordos. Todas las hermanas estaban cansadas de vivir bajo temor y opresión. Por eso, cuando ella no aguantó más vivir bajo el mismo techo decidieron huir juntos por la calle San Juan sin rumbo y sin destino conocido. Ese día, la pareja decidió emprender la aventura de su vida. Huirían de sus padres y de toda la situación que vivían. Tres días fueron suficientes para llegar a la realidad. Tuvieron que regresar. Eran dos jóvenes tratando de hallar camino para recorrer y no lograban encontrarse. Elliot apenas cumplía 16 y Dwina, era una quinceañera.

Luego de lo sucedido, ella no podía regresar a su casa. El padre no lo iba a permitir. Dwina no tenía la fuerza para encararlo. Le temía. Todos le temían. Elliot se la llevó a casa de sus padres. La relación se tornó difícil. Ella estaba en una casa que no era la suya. A la familia de él, obviamente, no le agradaba la situación en la que se encontraban, pero prefirieron manejar su molestia de la mejor manera que sabían, con el silencio.

A los meses de esta insensatez algo bueno parecía venir en camino. Se enteraron que el primer fruto de esta relación vendría a visitarles. Aunque parecía bueno, trajo momentos tensos en la relación. A la madre de él no le agradó la idea de que tuvieran hijos y le pidió que abortara. Esto provocó que el joven le dijera a Dwina que si abortaba no se casaría con ella. Nuevamente se encontraba en un punto de su vida donde nunca hubiera querido estar. Ella deseaba escapar de la vida que sufría en su casa y ahora todo el sufrimiento la perseguía. Su deseo era mantener la criatura. Le ofrecían cierta esperanza de que las cosas iban a cambiar. Por eso, en las navidades del 1966, Elliot Ramos y Dwina Marco oficializaron su unión matrimonial.

Tres meses más tarde, en la mañana del 9 de marzo, llegó el niño tan esperado. La criatura con pelo dorado fue como una señal de nuevos comienzos para ellos. Le llamaron Elliot Hiram, honrando a ambos abuelos. La alegría llenaba los corazones de los chicos y la esperanza parecía querer visitarles. Sin embargo, las cosas solo iban de castaño a oscuro. Aunque nadie en la familia se daba cuenta, Elliot cada vez se involucraba más en el uso de las drogas.

Al año de estar casados lo inesperado sucedió. Un operativo policíaco visitaba temprano el barrio llevando a cabo una redada. Llegaron a la puerta de la casa de los Ramos en la calle Conde de Colombia y se llevaron a Elliot. Todo había salido a la luz, aunque de la peor manera posible. De ahí, las cosas fueron de mal en peor.

NO SE SUPONE QUE ESTÉ AQUÍ

Dwina se fue de la casa de los padres de Elliot. Estaba fastidiada. Cansada de la vida que se estaban dando; por eso decidió que todo entre ellos acabaría. Salió sin fuerzas tratando de levantar algo que parecía destinado al fracaso. Agotada de seguir luchando, no podía más. Decidió divorciarse. Y por una temporada, se marchó a los Estados Unidos junto a su hijo. Necesitaba escapar de todo. Sabía que las cosas iban a ser muy complicadas. No había llegado a los veinte años de edad y tenía en su haber un niño, un divorcio y una familia dolida por las acciones que había tomado. Se encontraba triste, sola, herida y sin un lugar a dónde ir. Su padre estaba muy incómodo con todo lo que había ocurrido, no solo con ella, sino con todas las chicas de la casa. Cada una había buscado salir huyendo del dolor y el terror que vivían en su casa.

Aunque se habían divorciado, no era lo que Elliot deseaba. Un sin número de eventos habían tomado lugar durante este tiempo en la vida de ambos. Elliot, tratando de hallar un nuevo comienzo, junto a otros jóvenes, se encontraba en un programa de rehabilitación llamado Teen Challenge en

Aguada, también en Puerto Rico. Fue allí que todo comenzó a dar un giro poderoso.

La década pasada había quedado atrás y ahora comenzaba una estación nueva. El 9 de marzo de 1970 tomó la decisión de su vida. La que llevaría a esta familia del valle de lágrimas al estanque de la redención. En aquella pequeña e improvisada capilla en el centro de rehabilitación del Barrio Espinal de Aguada vino a confiar en la gracia restauradora de Cristo. Todo comenzó a cambiar. Se determinó en ganar a su familia de nuevo; pero se encontró con el corazón de una mujer dolida y decepcionada.

Durante todo este proceso le escribía cartas, pero ella no le contestaba. Un día le hizo una petición especial. Le pidió que le diera la oportunidad de ver a su hijo.

Aquel domingo, día de visitas, el sol parecía brillar más que nunca. La brisa refrescaba mientras él esperaba por ellos. Ella había aceptado llevar el nene al programa. Los minutos parecían eternos mientras los esperaba. Le sudaban las manos y la garganta se le cerraba. Le dieron una señal y supo que habían llegado.

Por primera vez se vieron juntos, después de tanta lluvia, bajo la sombra de aquellos frondosos flamboyanes, típicos del lugar. Todo aparentaba ser diferente. Elliot no sabía que ella también estaba siendo visitada por Dios en la soledad. Como estratega que espera el mejor momento para hacer su proposición, tuvo paciencia hasta que entendió que era el momento. Finalmente le contó todo lo que estaba viviendo y le pidió perdón por todo lo que había hecho. Le dijo si le ofrecía una segunda oportunidad.

Hubo silencio, pues eran muchas las incertidumbres que se levantaban. Resultaba difícil olvidar las experiencias vividas, pero estaban determinados a creer. Sabían que aunque habían empezado de manera accidentada, Dios podía cambiar todo para bien. Su gracia era suficiente. Aunque muchas cosas habían llegado a ellos con la intención de destruirlos, la gracia de Dios era capaz de cambiarlo todo para bendición.

Ella lo miró y le contestó con un sí. El rostro del chico se iluminó. Vamos a intentarlo por nosotros y por el nene. Con el Señor de su lado, decidieron enfrentarse a todos los obstáculos con tal de ver su familia restaurada. Ese fue el compromiso.

Una tarde en la misma capilla donde Dios había venido a visitar a Elliot, ahora le devolvía la familia que había perdido en el camino. El día llegó y se casaron por segunda vez y comenzaron de nuevo. A los dos años, como fruto de ese nuevo comienzo, nació el hijo de la reconciliación. Un hijo bello e inteligente. Sí, imaginas bien, su nombre fue Jacobo. Yo fui el hijo de la restauración. A pesar de todos los vaticinios, allí nací yo. Cuando todos daban por sentado que este matrimonio estaba destinado a ser una estadística más de los divorcios de nuestro país, algo se cruzó en su camino. La gracia restauradora de Dios vino a darles aliento al corazón que trataba de sostener el último hilo de esperanza. Dios cambió su lamento en danza, su lloro en canción y su amargura en bendición.

No se supone que estuviera aquí. Ni tampoco mi hermana Lola, quien nació un 6 de diciembre, catorce meses más tarde que yo. Cuando todo parecía ser un caso cerrado, hubo un elemento estrella que le dio giro a todo. Ese elemento fue la gracia reconciliadora y restauradora de Dios. Eso fue lo que sucedió. Somos el fruto de la reconciliación de mis padres. Nuestro hermano mayor sigue siendo el primogénito que vivió el triunfo de nuestros padres. El hijo de la decisión. El que les dio fuerzas a nuestros padres para luchar cada día más. Nosotros somos el fruto de esa decisión. Hemos visto la reconciliación en todo su esplendor.

Se supone que las primaveras no visiten a los divorciados. Nuevos comienzos y divorcios no suelen aparecer juntos en una misma oración. No se presume que una pareja que ha pasado el trago amargo de la decepción y el crudo invierno del divorcio, tenga oportunidades de reconciliación. Una familia que estaba destinada al divorcio ha visto su caminar ser impresionantemente alterado por Dios. Al escribir estas líneas celebramos que luego de cuarenta y tres años de casados mis padres, sus hijos y sus nietos, todos disfrutamos del bien de la casa de Dios. Hoy la familia que tocó fondo ha aprendido a cambiar su valle de lágrimas en bendición.

Esa pareja se convirtió en fundadores de ministerios para restaurar familias afectadas por la drogadicción. Han pastoreado iglesias en Puerto Rico, New Jersey, New York y Carolina del Norte. La mano de Dios que nos visitó en el tiempo de dolor se ha convertido en la mejor herramienta para sostener nuestra fe. Tenemos la certeza que si Dios nos visitó ayer, seguirá estando presente hoy. Si Dios nos levantó ayer, hoy seguirá librándonos. Si su mano nos tocó y nos liberó de la maldición, hoy seguirá cuidando de nosotros.

Ese no ha sido el único valle de lágrimas que hemos tenido que pasar juntos. En cada valle de dolor, decepción y lágrimas, Dios siempre se ha hecho presente. Lo hemos visto obrar milagrosamente. Esta es nuestra certeza. Dios nos llevará de poder en poder y veremos a Dios en Sion.

Muchas veces me preguntan qué me motiva a mantener una canción fresca para Dios. La contestación es siempre la misma. Es que cada vez que recuerdo de dónde Dios nos sacó, tengo razones miles para bendecir su Nombre. Hoy entiendo por qué tantas veces desde niño he escuchado a mi papá proclamar con tanta convicción las palabras del apóstol Pablo a los corintios:

> De modo que si alguno está en Cristo, nueva criatura es; las cosas viejas pasaron; he aquí todas son hechas nuevas. Y todo esto proviene de Dios, quien nos reconcilió consigo mismo por Cristo, y nos dio el ministerio de la reconciliación.
>
> —2 CORINTIOS 5:17-18

Esta es una declaración poderosa de fe. La hermosa gracia derramada sobre nuestros padres ha hecho que las cosas viejas pasaran y todo ha sido hecho nuevo. Es que cuando uno ve que todo en tu vida parecía estar destinado a la muerte y la desesperanza, aprecias la mano de favor que vino a visitarte un día. La familia que estaba destinada al divorcio sigue caminando firme y unida después de tantos años por la gracia de Aquel que se entregó un día por amor. Ese es el poder que cambia los lamentos en danza, las cenizas en gloria y los llantos en canción. Ese es el poder de mi Dios.

Capítulo X

TODO PUEDE CAMBIAR

H AY COSAS EN ESTA VIDA QUE NUNCA se nos podrán olvidar; y ésta es una de ellas. La vida parecía estar corriendo con su ritmo normal, pero todo estaba a punto de cambiar. No recuerdo bien la fecha exacta. Lo que sí está intacto en mi memoria es que desde ese día todo cambió.

Vivíamos en aquel humilde apartamento en la ciudad de Mayagüez. Era el mismo apartamento que nos alojaba hacía años. Las cosas no parecían cambiar mucho en casa. Había una rutina bastante apretada. La escuela, ir a la iglesia que mis padres pastoreaban y las visitas al centro de rehabilitación que la familia dirigía. Como siempre estaban también las visitas a casa de la abuela. A esto se le añadían las visitas nocturnas de nuestros vecinos y hermanos de la iglesia para tomar el tradicional café en la casa. Éste era nuestro programa semanal. Por años todos nos habíamos acostumbrado a una vida muy rutinaria.

Nuestra vida en Puerto Rico era una muy sencilla y humilde. No había muchos recursos, pero aún así nos sentíamos satisfechos. Nuestros padres vivían literalmente por fe. No había una entrada económica fija y sin embargo, nunca pasamos hambre. Es más, puedo decir que contrario a lo que muchos pudieran pensar, disfrutamos grandemente esa vida. Con todo, mi hermana nos confesó que ella pensó durante toda su niñez que éramos ricos.

Vivir en el caserío no era tarea fácil para los hijos de pastores. Elliot Hiram, Lola y yo éramos marginados en muchos lugares por ser del caserío; y dentro de él, por ser hijos de pastores. En ningún lugar parecíamos encontrar nuestro sitio. En ocasiones, éramos provocados a peleas por los chicos y presionados a hacer cosas contrarias a las que nos enseñaban. ¡Qué campo de entrenamiento tuvimos! Así era nuestra vida, pero vivíamos complacidos con ella. Era solo un niño cuando nuestros padres nos dejaron saber la noticia que cambiaría todo. En aquella pequeña sala llena de recuerdos nos dieron la buena nueva. Nos mudábamos para los Estados Unidos. No sé si fue exactamente así que lo anunciaron, pero de ese modo lo recuerdo yo. No podía entender. ¿Por qué? ¿Cuál era motivo de semejante cambio? Yo sabía que en los últimos meses en casa las cosas no estaban como de costumbre. Había tensión, mucha tensión. Nuestra familia estaba pasando por uno de los tiempos más difíciles que hemos experimentado. Las lluvias habían empezado y no nos habíamos dado cuenta. Era el valle de lágrimas donde Dios vino a visitarnos. El rincón donde aprendimos a ver a Dios. Las lluvias que Dios utilizaría para definir nuestra fe, unidad y perseverancia.

Mi hermana y yo, aunque confusos, estuvimos de acuerdo. Aunque no creo que teníamos muchas opciones. Éramos niños. Elliot Hiram, mi hermano mayor, no lo tomó muy bien. Él recién estaba comenzando la universidad y dijo firmemente que no se iría. Esto añadió aún más tensión a la ya existente. Fueron días de mucho estrés. Ya estábamos cerca de la partida. Nos preparábamos para salir a finales de diciembre. La mudanza estaba en progreso cuando nos enteramos que Elliot, el mayor, había decidido irse con nosotros. Recuerdo el alivio que esto trajo a todos, especialmente a nuestra madre. Fue una decisión muy dura para él. Estaba muy sentido con todo lo que pasaba. Aunque reacio, decidió seguir con nosotros. ¡Qué bueno que así fue!

En la fría madrugada, salimos de la ciudad de San Juan un 23 de diciembre, llenos de equipaje y repletos de preguntas. Nuestro destino, la ciudad capital del estado de Pennsylvania, Harrisburg. No tenía forma de predecir lo que estaba por venir, pero el primer día fue suficiente para darnos cuenta lo difícil que sería todo.

A nuestra llegada al aeropuerto de Newark, New Jersey, tomamos el equipaje y esperamos en una esquina a quienes nos vendrían a recoger. Papá salió a ver si los veía. No había señal de ellos. Intentó llamar desde un teléfono público, pero no dio con ninguno de ellos. Recuerden que esto fue antes de la aparición de los celulares. La espera fue interminable. Los minutos se hicieron horas y las horas se hicieron eternas. La transportación no llegaba. Luego de varias horas ya no podíamos más. Nos hicieron una cama improvisada sobre todo el equipaje y pudimos recuperar fuerzas. Ese recuerdo permaneció en mi mente por años. Cada vez que recordaba aquella esquina lo único que pensaba era lo impotente que me sentía ante tantos cambios. Ese fue el día que oficialmente comenzó una etapa de mucho dolor, incertidumbre y desconcierto.

Al cabo de diez largas horas de espera, llegaron. El vehículo que usaron para buscar a la familia estaba averiado y tuvieron problemas al buscarnos. Viajamos un poco más de cuatro horas entre paradas, antes de llegar como a las once de la noche a la calle 13 de Harrisburg. ¡Todo era muy distinto!

La nevada nos daba la bienvenida a este frío y árido episodio de nuestra vida. Por primera vez, compartimos la casa con otras cuatro personas. Un matrimonio y dos hombres adultos. Tanto ellos como nosotros, luego de pasar por tiempos duros, intentaban comenzar de nuevo su vida. Aquella antigua casa de tres pisos se convertiría en nuestro refugio. Todos juntos en un pequeño cuarto tratábamos de hacer lo mejor en tan difícil momento. Era el tiempo más complicado de nuestra vida, pero en el que más cercanos estábamos.

Ese primer año se nos hizo eterno. Nos vimos haciendo filas para recoger alimentos para la casa. Recuerdo el sótano de la iglesia donde fuimos para buscar ropa. Crecíamos rápidamente. Todo cambiaba con gran velocidad. No estaba acostumbrado a esto, pero fueron tiempos donde Dios marcó mi corazón.

El tiempo pasó y nos mudamos a New Jersey, excepto mi hermano. Él se había casado y había decidido quedarse con su dulce esposa Dámaris en Harrisburg. En el proceso, todos tuvimos que dar una mano para ayudar. El trabajo fue nuestro pan diario. Desde muy jóvenes todos tuvimos que aprender a trabajar. Mi primer trabajo fue sacar nieve. El crudo invierno no parecía ser un buen lugar para que un chico empezara a trabajar, pero allí aprendí a hacer lo necesario para darle una mano a mi familia y salir adelante. Mis padres fueron mi ejemplo. Hasta el día de hoy esta lección permanece conmigo.

He llegado a entender lo duro que tuvo que haber sido todo esto para mis padres. Todavía puedo recordar algunas noches en que los encontré derramando lágrimas delante de Dios. Con todo lo que enfrentaron, aún así, fueron muy valientes. Lucharon por nosotros. Lucharon por todos. Su finalidad era asegurase que juntos atravesáramos este valle de lágrimas. No nos quedaríamos solos. ¡Cuánto los bendigo por no haberse rendido! Hoy estamos aquí por todo lo que hicieron por nosotros.

Fueron muchas las personas que se dieron por vencidas; pero la mano de Dios nunca decayó. Al vernos pasar por este duro invierno, hubo quienes pensaron que éste sería nuestro final. Resultará extraño, pero años después nos dimos cuenta que estábamos más fortalecidos y mejor encaminados en el propósito de Dios. Mis padres han continuado con su llamado pastoral. Mis hermanos y yo aprendimos la valiosa lección de conocer a Dios más allá de los tropiezos. Hemos visto que un valle jamás nos podrá limitar. Hemos luchado y creído que Dios es la fuerza que nos ha sostenido. Atravesamos el valle y vimos a Dios con todo su esplendor en Sion.

> Bienaventurado el hombre que tiene en ti sus fuerzas, en cuyo corazón están tus caminos. Atravesando el valle de lágrimas lo cambian en fuente, cuando la lluvia llena los estanques. Irán de poder en poder; Verán a Dios en Sión.
>
> —SALMO 84:5-7

Les estaría mintiendo si les digo que todo ha sido fácil. La jornada fue larga, con momentos que parecían no tener final. Tiempos de estrechez e incomprensión. Temporadas de intentar ver cómo Dios nos ayudaría a salir. Momentos donde pensamos que Dios nos había abandonado. Días donde las fuerzas se agotaban, pero nuevamente su mano venía a levantarnos. ¡Gracias Señor!

Varios años después me encontré viajando junto con mi esposa e hijas. Nos vimos en el mismo aeropuerto de Newark, New Jersey. Fuimos a tomar nuestro equipaje y nos dirigíamos a la puerta cuando me percaté que allí estaba. Tomado de la mano de una de mis hijas divisé aquella esquina. Era aquel viejo rincón del recuerdo. Cerca de la puerta automática, al lado de los teléfonos públicos y el ventanal de cristal. Allí estaba. El lugar donde la familia esperó horas para dar comienzo a una jornada que parecía no tener final.

No lo podía creer. Después de tantos años regresaba al mismo lugar. Solo que ahora en condiciones diferentes. Me sorprendí cuando vi todo lo que Dios había hecho durante estos años. Ya no era el niño que con ansiedad esperaba su primer día en los Estados Unidos. Ahora era el padre de familia que había sido visitado por Dios, moldeado por su gracia y formado por su restauración. Había sido madurado en la soledad. El lugar era el mismo, pero ya no lo veía igual. Dios había sanado mi corazón. Su mano me había enseñado a cambiar el dolor en canción, la vergüenza en danza y las cenizas en bendición.

Miré a mi amada esposa Raquel y le afirmé la mano. Observé a mi hija mayor, Hosanna, que corría con libertad. A Paloma, con su entusiasmo distintivo. Fue allí que me di cuenta cuánto su mano de poder había estado conmigo durante todos estos años. Me percaté que nunca su gracia nos había abandonado. Aunque inesperado el camino, su Santo Espíritu nos había guiado al lugar de sanidad, libertad y plenitud. Dios me había regresado al mismo lugar que hacía años me había visto en dolor, para recordarme su fidelidad.

Mucho había cambiado. Aquel niño ya era un hombre, con un corazón que disfrutaba de su plenitud y con una familia que palpaba su sanidad. Cuando me vi delante de aquella escena me percaté que todo puede cambiar. Ya el valle no se veía igual. El rincón no representaba dolor. Ahora era el lugar donde la gracia de Dios vino a recogerme, sanarme y fortalecerme.

> Hubiera yo desmayado, si no creyese que veré la bondad de Jehová en la tierra de los vivientes. Aguarda a Jehová; esfuérzate, y aliéntese tu corazón; sí, espera a Jehová.
>
> —Salmo 27:13-14

Capítulo XI

EL FIN DE UNA ERA

Nadie podría imaginar un final como éste. Muchos son los que dicen que todo lo que empieza bien debe terminar bien. Sin embargo, éste no fue el caso. A todos en el pueblo les tomó por sorpresa.

Entre todos, él era conocido como el chico con gran potencial. Era de la familia adecuada y había hecho las cosas correctas. Era el típico joven prometedor. Era el príncipe encantado de cualquier cuento infantil. El gran prospecto para el pueblo. Justo el heredero que necesitaban para darle continuidad al legado de la familia. La historia de Uzías estuvo llena de sorpresas.

Solo tenía 16 años, pero cuando recibieron la noticia devastadora de la muerte del padre, era evidente que él sería el sucesor. Imagínate el cuadro, adolescente y ya a cargo de una nación entera. Cuando trato de recordar cómo era yo a mis 16 años, me pregunto: «¿Qué estaban pensando?». Todos sabemos que a esa edad se nos hace difícil gobernarnos a nosotros mismos, mucho más a una nación completa. Sé que debe haber muchos adolescentes sobresalientes. Sin embargo, para estar al mando de una nación se requiere una sabiduría más allá de la que la vida nos da al llegar a esa edad.

Al leer esta historia tuve que concluir que algo sobrenatural tuvo que estar en la vida de Uzías, para que a todos les pareciera excelente esta idea. Lo impresionante de esto no es solo que empezó su reinado tan joven. Más sorprendente fue su trayectoria durante su reino. En sus cincuenta y dos años de gobierno, Uzías trajo una transformación evidente en muchas esferas sociales. La economía, la agricultura, la arquitectura, la ingeniería y la defensa del país fueron revolucionadas durante su administración.

Aún más, se le reconoce como el responsable de levantar nuevamente la fama de la milicia de la nación. Pueblos cercanos le enviaban regalos para evitar ser invadidos por su ejército. Nadie quería tenerlo en su contra. Sabían que de lo contrario estarían atentando contra un gran poder. Toda esta impresionante obra tenía su razón de ser.

> Y persistió en buscar a Dios en los días de Zacarías, entendido en visiones de Dios; y en estos días en que buscó a Jehová, él le prosperó.
>
> —2 CRÓNICAS 26:5

Uzías persistió en buscar a Jehová. Eso fue lo que hizo a este líder tan joven revolucionar a su país. Para este adolescente, reinar sobre este país habrá sido una tarea colosal. Sabía que él no tenía todo lo que esta posición requería. Sin embargo, en los días que buscó a Jehová, él lo prosperó.

Ahora, ¿cómo es que este joven de tanta influencia y poder, muere enfermo de lepra y separado del pueblo? No sólo era una muerte vergonzosa, sino desmoralizante para todos en el pueblo. Pero también hubo una razón de ser.

> Mas cuando ya era fuerte, su corazón se enalteció para su ruina; porque se rebeló contra Jehová su Dios (…)
>
> —2 CRÓNICAS 26:16

La muerte de este líder trajo dolor a su pueblo. Fue desconcertante. Su corazón se enalteció y esto lo condenó. Aquel que se había convertido en ejemplo de dependencia de Dios, ahora le daba la espalda al mismo Dios que lo había levantado. Se engrandeció para su ruina. Uzías perdió el beneficio del consejo de Dios y su favor.

El pueblo estaba hecho añicos, decepcionado y entristecido. Ésta era la muerte del líder que había traído prosperidad, bonanza y seguridad a todos. Con Uzías terminaba una era de gloria para Israel. Sin embargo, la fidelidad de Dios en tiempos de crisis se hizo presente una vez más.

Quizás pensaste el día que viste a tus padres divorciarse que allí se acabaría todo. La tarde que perdiste la promesa que llevabas en tu vientre parecía ser el final. Pero Dios, en su gran amor y misericordia te sorprendió una vez más. Aquella madrugada que recibiste la llamada que tu padre había muerto creíste que ya nada tendría sentido. Pero no fue así. Su fidelidad prevaleció por encima de toda circunstancia adversa. Precisamente cuando la noche se hace más oscura es cuando el sol sale con todo su esplendor.

VIENTOS QUE TRAEN CAMBIOS

Corría el año 1998. Nunca olvidaré aquellos vientos. Llevábamos menos de un año de casados y vivíamos en una pequeña casa en el campo que alquilábamos. Recién comenzábamos nuestra vida juntos. No teníamos mucho, sin embargo, Raquel y yo trabajábamos con empeño para lograr todo lo que habíamos soñado. Mi esposa como maestra y yo, como microbiólogo. No se nos hubiera ocurrido nunca pensar que las cosas estarían a punto de cambiar.

En septiembre de ese año recibimos la visita de algo inesperado. Una de las tormentas más fuertes que ha tocado la isla de Puerto Rico. El Tsunami Georges. Vimos todo el escenario de nuestra vida cambiar literalmente delante de nuestros ojos en unas pocas horas. La casa era de madera. El techo se vio afectado y toda la vivienda se inundó. Perdimos muchas de nuestras pertenencias. Nos tuvimos que alojar por un tiempo en casa de nuestros pastores hasta que se repararan las pérdidas. El laboratorio donde trabajaba sufrió muchos daños. Se vieron obligados a cerrar el quirófano hasta que pudieran restaurar las instalaciones. Todo en el país parecía estar detenido.

La tormenta provocó que todo el país diera un giro inesperado, y con él toda nuestra vida. Les confieso que en ocasiones me desesperaba al ver el escenario. Sin casa y sin trabajo, los ahorros se agotaron muy rápido. Tuvimos que aprender a luchar juntos. Era la primera crisis que Raquel y yo pasábamos desde que nos habíamos casado. Pero estábamos determinados a atravesarla unidos. Cuando todo parecía oscurecerse, Dios se hizo presente.

Fueron muy variadas las formas que el Señor utilizó para mostrarnos que estaba con nosotros. Su gracia nos acompañaba. El enemigo intentaba hacernos creer que el valle de lágrimas que estábamos pasando era una señal de abandono por parte de Dios. Sin embargo nuestro espíritu estaba confiado en que el Señor llenaría nuestros estanques. Él vino a nosotros a pesar de todo. Dios estaba tomando ventaja de esa temporada para sanar mi corazón. Y sembró en mí la certeza que siempre estaría con nosotros.

EN LA HIGUERA

Por primera vez nos vimos juntos en la higuera. Es el lugar donde muchos se encuentran esperando por una visitación. A veces la espera hace pensar que hemos sido olvidados, pero no es así. Dios todo lo ve. Él está pendiente de cada detalle. Uno de los relatos donde más evidente podemos ver esta verdad se encuentra en el libro del apóstol Juan.

Cuando Jesús vio a Natanael que se le acercaba, dijo de él: He aquí un verdadero israelita, en quien no hay engaño. Le dijo Natanael: ¿De dónde me conoces? Respondió Jesús y le dijo: Antes que Felipe te llamara, cuando estabas debajo de la higuera, te vi.

—JUAN 1:47-48

Natanael, cuyo nombre significa «Dádiva de Dios», buscaba poder hallar al Mesías. Decepcionado, se encontró buscando refugio debajo de una higuera. Las higueras eran conocidas en el lugar por varias cosas. La gente cansada del camino buscaba descanso a su sombra. Las personas enfermas se encontraban con sus médicos allí. Era un lugar de espera para aquellos que necesitaban ser contratados para trabajar.

Allí estaba Natanael, bajo la sombra de la higuera, esperando. Tal vez por un milagro. O quizás solo esperaba renovar sus fuerzas o que vinieran a contratarlo para un nuevo trabajo. No importa que motivo lo haya llevado allí, aunque para algunos significara una pérdida de tiempo. Mientras Natanael esperaba, algo se estaba gestando en los aires.

Felipe se le acercó y le dio la noticia: «Hemos hallado al Mesías», le dijo. Así que Natanael le salió al encuentro. Jesús al verlo declaró que en él había un verdadero israelita en el cual no había engaño. Israel significa «autoridad»; por lo que Jesús entonces le dijo: «Aquí hay un hombre de verdadera autoridad». Este concepto se estaba definiendo debajo de la higuera, en la soledad de su espera.

Sin embargo, Natanael sorprendido por la declaración de Jesús, le preguntó de dónde lo conocía. A lo que respondió que antes que Felipe lo llamara, Él ya lo había visto. El Señor lo había visto antes que nadie. Y del mismo modo ocurre contigo. Él no se olvida de sus hijos. Está pendiente de toda su creación.

Pero es nuestra actitud en la higuera la que provoca que los cielos sean abiertos. Es Dios el que ve las decisiones que tomamos en lo secreto. Toda ayuda que viene, llega solo porque Dios al vernos debajo de la higuera decide mover su mano a favor de sus hijos. Natanael comprendió al fin lo que su nombre significaba. Su actitud en la higuera provocó la dádiva de Dios. El Señor hace cosas grandes con aquellos que actúan correctamente aún en la soledad. Son hombres y mujeres que obedecen, no sólo al ojo humano, sino a Dios. Son los que viven en integridad y santidad porque saben que Dios todo lo ve.

Mi amada Raquel y yo, recordamos hoy que ése fue uno de los momentos más definitivos en nuestra relación. Allí en la higuera nuestro pacto de amor maduró. Nuestro espíritu se fortaleció y nuestra fe aprendió a dar fruto abundante en medio de la crisis. La provisión de Dios fue palpable durante todo ese tiempo. Dios nos vino a visitar. Es más, abrió puertas que jamás pensábamos que la tormenta traería. Toda esta crisis nos llevó a tomar decisiones que nos hicieron crecer en unidad, servicio y aún económicamente. En el momento que pensábamos perderlo todo, Dios estaba allí para asistirnos.

Hoy, al mirar atrás, nos hemos dado cuenta que aquella temporada cambió nuestro rumbo. Fue una de las piezas claves que Dios usó para ocupar nuestro lugar en el ministerio. Sólo unos meses después de toda esta tormenta nos vimos respondiendo al llamado que siempre habíamos soñado seguir: Dedicar nuestra vida al ministerio en nuestra iglesia local. Mucho de lo que hemos disfrutado en estos años se debió a las decisiones que aprendimos a tomar en medio de esa tormenta.

Un nuevo despertar...

Justo cuando todos habían pensado que la muerte de Uzías era el fin de su historia, Dios abrió un capítulo nuevo. Pues un profeta se levantaba en medio de la nación. Su nombre era Isaías. Dios estaba haciendo presente su Palabra en medio de la desolación.

Precisamente, en el año de mayor dolor y desilusión para todo el pueblo, Isaías vio al Señor. ¿Cómo es que muchos pueden estar viendo lo mismo y a la misma vez encontrar cosas diferentes? ¿Cómo es que para algunos una pérdida es destrucción, pero para otros representa el camino hacia el fruto tan esperado?

Algunos pueden ver su cicatriz y recordar el dolor inmenso que provocó la herida. Otros, al ver la misma herida, recuerdan el alivio que la sanidad trajo y la oportunidad de ver el milagro de la restauración. Nosotros tenemos que aprender a definir cómo veremos lo que tenemos delante. Isaías en medio de la crisis pudo ver lo que le ayudaría a darle giro a este amargo tiempo.

En el año que murió el rey Uzías vi yo al Señor (…)
—ISAÍAS 6:1A

Algunos historiadores señalan que antes de este momento, Isaías era conocido como profeta en el pueblo. Sin embargo, su ministerio no había trascendido. Algunos señalan que sus primeras profecías revelan la insatisfacción que arrastraba por la falta de fruto en su ministerio. Pero es notable cómo la vida de Isaías da un viro absoluto en su vida ministerial a partir de este momento. De ser un profeta de bajo perfil, se convirtió en uno de los hombres de Dios más influyentes de su era. De hecho, muchas de las profecías mesiánicas fueron confiadas a él.

¿Qué marcó esta diferencia? No cabe ninguna duda que un encuentro en medio del valle de lágrimas fue suficiente para traer una transformación genuina a Isaías. Por eso, es tan importante el comienzo de este pasaje. Si no entendemos las claves encerradas aquí, nos perdemos la importancia de por qué se menciona la muerte de Uzías.

Si esta porción del libro de Isaías capítulo 6, hubiese sido escrita en un diario de hoy, hubiese dicho lo siguiente: «En el año de la crisis nacional, cuando pensábamos que todo estaba perdido, luego de morir nuestro admirado rey, me encontré con Dios y todo cambió». Esto es lo que el Señor nos quiere decir a partir de esta palabra. Cuando parece que todo esta perdido, Dios se hace ver. Lo que para muchos marcó el fin de una era, para otros fue un nuevo despertar. Las crisis de hoy son tierra fértil para ver la mano de Dios obrar.

Hubo cinco elementos de cambio que trajo este encuentro poderoso en medio de esta crisis. Los que buscan a Dios en medio de los valles de lágrimas podrán ver su vida expuesta a lo siguiente:

1. Cambió nuestra manera de ver a Dios.

En el año que murió el rey Uzías vi yo al Señor sentado sobre un trono alto y sublime, y sus faldas llenaban el templo.

—Isaías 6:1

A pesar de que su ministerio profético ya había comenzado, según algunos teólogos, éste fue el momento que definió cómo Isaías vería a Dios. Justo en un tiempo de desilusión, su visión fue transformada. Así lo registró Isaías. En medio del dolor del pueblo él vio al Señor. Todo comenzó con Dios.

Es aquí donde todo comienza o termina. Si perdemos nuestra sensibilidad de buscar a Dios, nos debilitamos. Dejamos de buscar las huellas de que el Señor nos da en medio de la tormenta para seguirle. Cómo vemos a Dios, define cómo veremos los demás elementos que rodean nuestra vida. Nuestra definición de Dios determina prioridades, valores y orden en nuestra vida.

El profeta pudo haber visto a Dios como una idea, como un concepto, pero ese día Dios se le hizo realidad. Es interesante que cuando más necesitamos que Dios se haga real es cuando más lo vemos hacerse realidad en nosotros. Creció su manera de ver a Dios. Estaba sentado en un trono alto. Más alto de lo que él imaginó. Dios cubría áreas de su vida que él jamás pensó. Era sublime. Al buscar la definición de sublime me llamó la atención la siguiente observación:

a. a. Sublime significa lo más elevado. Isaías llegó al convencimiento de que lo más elevado, lo primordial en su mundo, no era la seguridad que un rey podría ofrecerle. Era la certeza que el Dios del cielo puede otorgarnos.

b. b. Sublime es lo más grande e insuperable. Isaías vio que nada, ni nadie podía superar la mano de nuestro Dios. Ninguna tormenta podría exceder el conocimiento, la sabiduría y el poder de nuestro Dios.

Cuando aprendemos a ver la vida desde la perspectiva de Dios, todo tiene otro sentido.

Recuerdo cuando mis padres me llevaron de niño a ver por primera vez los edificios del World Trade Center en New York, popularmente conocidos como las Torres Gemelas. Muy cerca de ellos había una escultura que se veía imponente y amenazante para mi diminuto cuerpo. Cuando finalmente tuvimos la oportunidad de llegar al tope del edificio miré hacia abajo y todo cambió. Los carros parecían de juguete, la gente hormigas y la monumental escultura parecía haber sido reducida a nada. Todo tomó otro sentido cuando la perspectiva era diferente. Eso es lo que pasa cuando logramos ver las cosas desde la perspectiva de Dios. ¿Desde que punto de vista ves tu adversidad ahora?

2. Cambió nuestra manera de vernos a nosotros mismos.

> Entonces dije: ¡Ay de mí! que soy muerto; porque siendo hombre inmundo de labios, y habitando en medio de pueblo que tiene labios inmundos, han visto mis ojos al Rey, Jehová de los ejércitos.
>
> —Isaías 6:5

Al cambiar nuestra manera de ver a Dios todo vuelve a su justo lugar. Nos damos cuenta de nuestra verdadera realidad. El orden en nuestra vida se restaura. Se ajustan nuestras prioridades, nuestras metas y perspectivas. Al ver lo alto y sublime donde se encontraba Dios, el profeta tuvo solo una conclusión al mirarse a sí mismo: «¡Ay de mí! que soy muerto». La vida volvió a enfocarse. Cuando se nos olvida qué es Dios para nosotros, se nos olvida quiénes somos y qué somos capaces de hacer. Éste es uno de los beneficios de la adoración. Adorar es reconocer quién es Dios y lo qué Él es para ti. Cuando adoramos regresamos a una perspectiva sana de Dios y de nosotros.

Isaías reconoce que todo lo que tenemos lo debemos a su mano y cuánto dependemos de su gracia y favor.

Nos damos cuenta que nuestra naturaleza caída sigue presente en nosotros; pero el manto de su gracia nos cubre con amor. Si lo perdemos a Él lo perdemos todo.

Somos el milagro de Dios, pues fuimos restaurados después de haberlo perdido todo. Si perdemos de vista a Dios y lo que ha hecho en nosotros, lo perderemos todo.

Podríamos tener un ministerio con impacto mundial; pero si perdemos de vista que nuestra naturaleza sigue dependiendo de Dios, lo perderemos todo. Si perdemos la conciencia de quiénes somos sin Él, pereceremos. Creo que esta es una de las razones por la cual vemos tantos ministros secos y debilitados en este tiempo. Han perdido la conciencia de quiénes son delante de Dios. Somos gente de autoridad en la tierra. Sin embargo en su presencia, somos totalmente dependientes de Él. La autoridad que tenemos es delegada por Dios en su Presencia. Recuerda, no hay mayor autoridad que su autoridad.

3. Cambió nuestra manera de ver a los otros.

> (...) porque siendo hombre inmundo de labios, y habitando en medio de pueblo que tiene labios inmundos (...)
>
> —Isaías 6:5b

Isaías al encontrarse con Dios no solamente se dio cuenta de su condición, sino que llegó a una comprensión mayor de la condición de los demás. El arreglar cuentas con Dios te impulsa a construir puentes con otros. Es que cuando se nos olvida quiénes somos, es muy fácil ver agotarse nuestra fe en lo que Dios hace alrededor de nosotros. Somos debilitados, nos tornamos juiciosos, impacientes e intolerantes. Estos son indicios de que nuestro corazón necesita urgentemente renovar nuestra conciencia de Dios y su amor por otros.

Al ver a Dios se despierta la pasión por lo que Dios quiere hacer en la vida de otros. Especialmente cuando nos encontramos en medio de un valle de lluvias como éstas. Los corazones resentidos comienzan a cambiar. Estamos dispuestos a darnos, perdonar y estirar nuestros brazos para alcanzar a otros con una actitud de reconciliación. Los esposos comienzan a ser convencidos de volver con sus esposas para restaurar relaciones secas y áridas. Los padres comienzan a ganar un compromiso genuino y divino por los hijos. Tú mayor anhelo como padre debe ser que tus hijos amen y teman a Dios. Pastoréalos de tal modo que veas germinar la Palabra de Dios en sus corazones. En nuestras relaciones laborales comenzamos a respetarnos y alentarnos unos a los otros. Esta es una obra del Espíritu de Dios avivando la tierra en medio de los valles de lágrimas. Un encuentro es suficiente.

He visto matrimonios que se encuentran decepcionados y con las manos agotadas. Y un encuentro con Dios hizo que su disposición del uno hacia el otro cambiara. Dios está buscando renovar tu fe en medio de la crisis. Y una de las herramientas necesarias para atravesar un valle de lágrimas es la perseverancia. Cree en Dios y en la obra que Él opera en ti y a tu alrededor cada día.

4. Cambió nuestra manera de ver nuestro propósito.

> Y voló hacia mí uno de los serafines, teniendo en su mano un carbón encendido, tomado del altar con unas tenazas; y tocando con él sobre mi boca, dijo: He aquí que esto tocó tus labios, y es quitada tu culpa, y limpio tu pecado.
>
> —ISAÍAS 6:6-7

Todo se está ordenando. Primero, la realidad de Dios es restaurada en nuestra vida. Segundo, la conciencia de nuestra condición y la de otros a nuestro alrededor, se despierta y se activa. Pero aún hay más, renovar y reenfocar el propósito que Dios trazó para cada uno de nosotros. Uno de los regalos que ofrecen los valles de lágrimas es que nos proveen un agudo sentido de propósito. Muchas personas ven su vida tomar un giro impresionante con relación a cómo invierten su tiempo.

Algunos han usado los mismos vientos recios de la tormenta que vinieron en su contra, para volverlos en su favor y cumplir el propósito de Dios en sus vidas.

John Walsh es conocido en la televisión norteamericana como el moderador del popular programa "America's Most Wanted" (Los más buscados de EE.UU.). Este programa televisivo ha logrado capturar más de mil fugitivos de la ley y ha logrado esclarecer cientos de casos. Ha ayudado a devolver justicia a familias que han pasado por momentos de dolor. Esta es la pasión que mueve a John por más de veinticinco años.

Todo comenzó el día en que su hijo Adam, de 6 años, fue secuestrado en un centro comercial del Estado de la Florida. Días después los noticieros daban a conocer que la vida de este niño le había sido quitada. John y su esposa Revé fueron devastados por este golpe. Muchos pensaron que no se recuperarían, pero lo hicieron. Tomaron todo su dolor y lo tornaron en una fuerza imparable para organizar reformas legislativas a favor de los crímenes hacia la niñez y las víctimas de crímenes.

Sus gestiones provocaron logros significativos, entre ellos la institucionalización en los Estados Unidos del Code Adam (Código Adam)

Es un procedimiento para localizar niños que se reportan como perdidos en cualquier local comercial. Este código fue el precursor de la Alerta Amber. La misma es una asociación voluntaria entre la policía, emisoras de radio y televisión, y medios de transporte. Durante una Alerta Amber, se emite un boletín informativo de carácter urgente a través de las emisoras a fin de obtener la asistencia del público para encontrar a un niño que ha sido recientemente secuestrado. Miles de familias han sido bendecidas y beneficiadas por la labor de esta familia. Ellos supieron atravesar el valle de lágrimas y convertirlo en bendición.

¿Será que en este valle de lágrimas se encuentra la fuente de tu propósito? ¿Será que en medio de estas lluvias despertará en ti la pasión para lo que Dios te ha diseñado?

5. Cambió nuestra disposición.

Después oí la voz del Señor, que decía: ¿A quién enviaré, y quién irá por nosotros? Entonces respondí yo: Heme aquí, envíame a mí.

—Isaías 6:8

Cuando nuestra fe se debilita, se deshidrata el corazón. Disminuye nuestra aptitud para perseverar haciendo lo que sabemos que es correcto. Al agotarse nuestro corazón, se debilita nuestra disposición. Una de las fortalezas que el enemigo quisiera destruir en nosotros mientras atravesamos el valle de lágrimas es nuestra fe. Cuando se debilita nuestra fe, se seca nuestra disposición. Pero hoy Dios viene a renovar nuestra disposición.

El profeta Isaías concluyó rotundamente cuando vio la urgencia del corazón de Dios: «Heme aquí, envíame a mí». Es significativo observar que no solo dijo «Heme aquí», sino que añadió con gran determinación: «Envíame a mí».

Deseamos cambios radicales en nuestra vida, pero nos cuesta cambiar para tenerlos. Muchos quieren ver cambios a su alrededor pero prefieren que otros sean enviados. La disposición renovada de Isaías incluía no solo el «heme aquí», sino también el «envíame a mí». Dios trajo la pregunta, pero Isaías se convirtió en la respuesta.

No obstante son muchos los que se quedan siendo parte del problema. ¿Habrá alguien que hoy decida ser parte de la solución? Los que se quedan en la respuesta tienen una larga lista de quejas, pues solo ven lo negativo de lo que les sucede. Los que son parte de la solución prefieren empeñar su tiempo alineándose al equipo que trae las respuestas y no al de preguntas debilitantes.

Isaías entendió que no solo podemos desear ver un cambio, Dios está buscando hijos que anhelen ser agentes de cambio.

> Bienaventurado el hombre que tiene en ti sus fuerzas, en cuyo corazón están tus caminos. Atravesando el valle de lágrimas lo cambian en fuente (...)
>
> —SALMO 84:5-6

Oremos a Dios para que nos permita ver hoy nuestra disposición renovada: «Que podamos ser las respuestas a tus preguntas Señor».

PARA REFLEXIONAR:

1. ¿Dónde nos colocamos usualmente: en los que ven los problemas o en los que buscan repuestas?

2. ¿Habrá algún lugar donde tu disposición renovada y servicio puedan dejar una marca de bendición?

3. ¿Habrás expresado un «heme aquí» que hoy necesite ser acompañado por un «envíame a mí»?

Capítulo XII

UN LUGAR PARA MÍ

EL TIEMPO HABÍA PASADO PERO LAS INTENSAS lluvias parecían no tener fin. Todos en nuestra casa tratábamos de hallar algún camino que nos dirigiera a ver el fin de las lluvias. Habían pasado varios años luego de nuestra mudanza a los Estados Unidos y parecía que todavía no podíamos recuperarnos de todo lo sucedido. Había una necesidad de respondernos quiénes éramos y hacia dónde nos dirigíamos. Estos interrogantes retumbaban en la mente. Sobre todo, dónde estaba Dios y si algún día regresaría.

Mi corazón estaba muy herido. Yo sabía que Dios existía; no tenía dudas. Solo que por alguna razón pensaba que yo había sido descalificado y no sabía cómo repararlo. Creía en Dios, pero no encontraba la manera de acercarme a él. Pensaba que al acercarme no encontraría lugar para mí.

Desde pequeño luchaba en mi interior con el sentido de pertenencia. En la iglesia, el ser hijo de pastor les creaba a los niños una barrera. En el caserío, muchos nos menospreciaban justamente por ser hijos de pastores.

En la escuela afrontaba otro tipo de problemas. La diferencia en el trato era bien marcada. Recuerdo una mañana en particular. El salón estaba repleto de estudiantes. La maestra se detuvo en la enseñanza que estaba dando y me miró fijamente. Ella entonces, pronunció: «Jacobo, ponte de pie». Fue lo único que pude escuchar. Atendí la voz de la maestra, aunque no sabía por qué. Ella continuó diciendo: «¿Ven?, él es hijo de pastor y debería estar avergonzado por su comportamiento». Nunca supe qué la provocó. Me preguntaba a mí mismo, qué había hecho para que la maestra tomara esa actitud. Luego supe que ella era católica y no compartía las creencias de mis

padres. En esta época, ser evangélico en Puerto Rico, significaba ganarse
una gran oposición de parte de algunos feligreses católicos. Mi maestra
había decidido hacer conmigo una muestra de su rechazo a mis creencias
familiares. Pensé que al llegar a los Estados Unidos, cosas de esta índole no ocurrirían.
Sin embargo no fue así. Ahora me había convertido en un puertorriqueño en
medio de los estadounidenses.

En la cafetería de la escuela estaba muy definido con quiénes se podía al-
morzar. Los de piel blanca comían con los blancos. Los de piel morena con
los de piel morena. Los hispanos o «beaners» (frijoleros) como nos llamaban
algunos, teníamos que comer aparte. Pero para que se acentuara más esta rivalidad, aún entre los hispanos existían divisiones. Si hablabas inglés comías
con los hispanos de alta jerarquía y si no, eras relegado a una clase inferior.

NO CAIGAS AL PISO

Tenía alrededor de los quince años. Una tarde, mientras caminaba con
mi hermana de regreso a casa, cerca de la 10ª Avenida, seis chicos de piel
morena nos siguieron. Habían decidido que yo debía saber que no podía
caminar por allí. Me rodearon; lo único que atiné a hacer fue gritarle a
mi hermana que corriera. Comenzaron a insultarme advirtiéndome que me
lastimarían y harían daño. Como podrán suponer, no usaron esos términos
precisamente. Aunque procuré defenderme, seis podían más que uno. Con
mis pensamientos me decía a mí mismo: «No caigas al piso». Luché de
pie. Los golpes fueron intensos y constantes. Pero aún así no me rendí.
Me mantuve de pie hasta que escapé y logré correr tan rápido como mis
piernas me lo permitían. Ellos no pudieron alcanzarnos. Sin embargo me
habían propinado una buena golpiza. Quedé muy mal herido. No obstante,
los golpes físicos no dolieron tanto como los que recibí en el alma.

A partir de ese suceso caminaba con temor. Pensaba que en cualquier
momento alguien me podría lastimar. Pero esta vez, no estaba dispuesto a
permitirlo.

Todos estos elementos fueron usados por el enemigo para engañarme.
Estaba convencido que yo no tenía lugar que ocupar. Cuando llegó la hora
de estudiar en la Universidad decidí que esto terminaría. Era un buen estudiante. Delante de mí se abrieron puertas con muy buenas oportunidades

para estudiar en los Estados Unidos. Con todo, decidí regresar a mi isla, a mi país.

Allí se dio un hecho muy interesante. En los Estados Unidos era «el boricua», el que era nativo de Puerto Rico por varias generaciones. Ahora en mi país, era «el gringo», porque hablaba inglés con fluidez. Cuando quedan situaciones sin resolver, el enemigo encuentra tierra fértil para la confusión. La herida que se había provocado en mi corazón fue la puerta por la cual el enemigo comenzó sutilmente a golpear. Finalmente, a los quince años esa puerta se abrió. Permití que la inmoralidad sexual invadiera mi corazón. Y con ella, el enemigo comenzó a acusarme. En mi mente especulaba que si le confesaba mi estado espiritual a alguien iba a ser «el marginado». La vergüenza me carcomía por dentro. Así que decidí optar por el silencio y callar. Esta situación comenzó a afectarme, ya que cada vez me resultaba más difícil encontrar mi lugar, mi identidad y el valor que tenía.

Yo sabía que Dios era real y trataba de hacer algún intento de liberarme; pero sin su gracia era imposible. ¿Cómo había permitido que una herida lograra traerme hasta aquí? Por las noches hablaba con Dios y le pedía: «Señor, permite que todo esto se acabe». Malas decisiones estaban provocando mayores tormentas de confusión dentro de este valle de lágrimas.

Mis años transcurrieron por diferentes valles de desesperación y vergüenza. Cada vez el pecado robaba más de mí. Yo era un muchacho tranquilo. Nadie pensaba que esto me estaba ocurriendo. Había pasado años en la iglesia y sabía qué contestar, qué decir y cómo actuar. Ya no podría seguir simulando, el pecado me estaba alcanzando.

Cursaba el segundo año de la Universidad. Me había mudado solo a Puerto Rico. Académicamente me fue bien al principio. Sin embargo, cada vez era más difícil pretender que nada pasaba en mi interior. Estaba perdiendo el ritmo en las clases, mi vida se estaba descontrolando y la seducción del pecado era mayor. Me sentía muy lejos de Dios. El vacío se hacía evidente. El peso de la vergüenza me mataba. La culpa me había atrapado. La inmoralidad sexual seducía cada vez más mi voluntad. Estaba convencido que tendría que conformarme con una vida promedio. Exactamente eso es lo que pretende el enemigo. Que abracemos el pecado y nos sintamos descalificados para tener los sueños que Dios tiene para nosotros.

Conducía mi automóvil de regreso a casa. Ya era entrada la noche.

Escuchaba un tema musical en la radio cuando de repente, comencé a llorar sin control. Cada palabra describía lo que sentía en mi corazón. Ya no soportaba ni un día más viviendo de esta manera. Detuve mi auto. Me estacioné y le grité a Dios:

«Perdóname Señor, perdóname, por favor».

Algo por primera vez se abrió en mi interior y escuché la voz de Dios que me decía: «Jacobo, cuento contigo». Siempre pensé que Dios no me escucharía, pero su tierna gracia me regresaba a casa. Esa fue la primera vez que sentí que tenía un lugar y era delante de mi Dios. Mi corazón hallaba morada. Tenía un lugar reservado en la mesa del Padre. Ahora tenía la certeza que Dios siempre había estado a mi lado dispuesto a recibirme.

Una cita divina

Mi libertad comenzó a madurar. Muchos cabos sueltos comenzaban a resolverse. Estaba enfrentando asuntos que por años había preferido dejar en el olvido. Aún así, había áreas de mi vida que necesitaban una atención particular. Nunca había hecho una confesión. Mientras callé mis huesos envejecieron. Algo tenía que suceder.

Luego de unas vacaciones, estaba volviendo a casa cuando en el avión escuché la misma voz que me había hablado en mi auto: «Es tiempo que hables». Sin detenerme a pensar quién era el que decía esas palabras, respondí: «¿Con quién?». Y seguidamente vino a mi mente el rostro de una persona. No cabía duda que el Señor me estaba hablando. Entonces, dije: «Señor, ni siquiera lo conozco». Pero suavemente insistió en mi espíritu: «Es tiempo de hablar».

Al día siguiente llegamos a Puerto Rico. Me dirigí a la universidad. Al llegar me encontré con un gran amigo. Su nombre era Danny. Al saludarlo me dijo: «Jacobo, mi pastor me transmitió que quería hablar contigo». Quedé sorprendido. El pastor de mi amigo era el hombre que Dios me había mostrado en el avión. Aunque estaba atemorizado, le contesté: «Coordina la cita y ahí estaré».

No había agenda pautada, sólo una reunión cordial. Fuimos juntos a su casa, mientras el sol caía aquel domingo. Nos sentamos a la mesa en el amplio balcón y luego de los acostumbrados saludos comenzamos. Sabía que se trataba de la cita divina que por tantos años había esperado. Era el sicómoro que Dios había provisto para mí.

Al igual que Zaqueo, por años había anhelado un encuentro mayor con el Señor. Sin embargo, ambos enfrentábamos limitaciones. Zaqueo se veía imposibilitado de ver al Maestro por su estatura. Pero su sed de Dios no le permitía conformarse con nada menos que un encuentro genuino. Él sabía que Jesús pasaría por su aldea. No quería quedarse con la experiencia de otro. Deseaba verlo cara a cara. ¡Seas bendecido si realmente tu corazón arde por un encuentro con Jesús de esta manera!

> Habiendo entrado Jesús en Jericó, iba pasando por la ciudad. Y sucedió que un varón llamado Zaqueo, que era jefe de los publicanos, y rico, procuraba ver quién era Jesús; pero no podía a causa de la multitud, pues era pequeño de estatura. Y corriendo delante, subió a un árbol sicómoro para verle; porque había de pasar por allí. Cuando Jesús llegó a aquel lugar, mirando hacia arriba, le vio, y le dijo: Zaqueo, date prisa, desciende, porque hoy es necesario que pose yo en tu casa.
>
> —Lucas 19:1-5

Su altura era una limitación para tener un encuentro con Jesús ante tanta multitud. Sin embargo, no para Dios. Hay cosas que parecen ser causa de debilidad, pero es precisamente eso lo que Dios utiliza en tu vida para impulsar tu corazón a cosas mayores. Pues su poder se perfecciona en nuestra debilidad. Tal vez, si su altura hubiese sido común al resto de los hombres, se hubiera conformado con verlo desde la orilla. Dios no nos llamó a la orilla, nos llamó a aguas profundas, a encuentros genuinos.

Zaqueo no solo era bajo en estatura, sino que su corazón estaba cansado de vivir muy por debajo del estándar divino. Su baja autoestima y la culpa que lo condenaba, necesitan encontrarse con aquellos ojos llenos de gracia que tenía Jesús.

Como no encontró otra alternativa, Zaqueo corrió y halló un sicómoro. Éste es un árbol similar a la higuera, con ramas lo suficientemente fuertes para sostener a Zaqueo; y lo suficientemente bajas para que él pudiera subir. Justo lo que necesitamos en medio de nuestros valles. Dios hace provisión de árboles plantados junto a corrientes de agua que nos levantan para que nuestro corazón debilitado y cansado se encuentre con Jesús.

Puedo imaginarme a Dios viendo el árbol crecer en aquel viejo camino. Lo regaba y cuidaba con dedicación porque conocía que ese árbol cubriría la debilidad de este pequeño hombre. Antes que Zaqueo supiera cuánto necesitaba encontrarse con Jesús, Dios en su gran amor y misericordia estaba preparando cómo verlo cara a cara.

> Cuando Jesús llegó a aquel lugar, mirando hacia arriba, le vio, y le dijo: Zaqueo, date prisa, desciende, porque hoy es necesario que pose yo en tu casa.
>
> —LUCAS 19:5

Jesús lo vio y lo invitó a tener una relación más profunda aún en medio de todo lo que vivía Zaqueo. Su nombre significa «sin mancha». Pero Zaqueo precisamente no era un hombre sin mancha. Sin embargo, un solo encuentro con Jesús podría revolucionarlo y hallar el propósito para su vida.

Aquella tarde solté las lágrimas que prisioneras por años guardé en mi corazón. Necesitaban ser derramadas para alcanzar una sanidad completa para mi alma.

Nunca olvidaré aquella conversación tan significativa para mí. Mi relación con el Señor, mi matrimonio, mis hijas, mi ministerio, mi familia, han recibido los beneficios que aquella cita divina. A partir de allí, todo tomó un giro diferente. Aquel pastor fue la provisión que Dios proveyó en medio del valle y me ayudó a verme como Jesús me ve.

Más de once años han pasado desde aquel atardecer. Ese hombre que me escuchó, hoy es mi pastor, Rey Matos. Disfrutamos la relación que tenemos y tantas conversaciones valiosas que hemos tenido a lo largo de los años. Rey se ha convertido en un ejemplo de vida. Es mi amigo, mi mentor y otro abuelo para mis hijas. Su vida nos ha bendecido y ha sumado a nuestra familia un valor incalculable. ¡Gracias Rey por todos tus consejos a lo largo de nuestra vida! Hoy te bendigo.

COSAS PENDIENTES

Durante muchas noches mi corazón exigía una explicación de parte de Dios. ¿Es que acaso no escuchaba el Señor? Yo necesitaba oír su voz.

En ocasiones, la rabia y la decepción tomaban lo mejor de mi corazón. No podía entender por qué Dios había permitido tantas cosas que nos habían sucedido.

Reconozco que por mucho tiempo abrigué sentimientos de abandono en mi corazón. Creía que Dios me había dado la espalda cuando más lo necesitaba. Lo peor del caso era que durante todos estos años yo estaba convencido que en el duro invierno que habíamos atravesado yo no tenía responsabilidad alguna. Jamás había pedido entrar allí. No había sido mi decisión. Fui invitado y corrí con una suerte inesperada: años de escasez, soledad, tristeza y la desventaja que los mismos valles me habían impuesto. Por años, sentía que estaba corriendo una carrera donde todos habían salido antes de tiempo y me llevaban ventaja. Pero ahora las cosas estaban a punto de cambiar.

Ya había tenido un encuentro determinante con Dios. Mi vida estaba disfrutando un tiempo nuevo de la manifestación de su amor. Una sanidad poderosa estaba llegando a mi vida. Todo era diferente; sin embargo, había momentos que pretendían hacerme pensar que otras tantas quedarían igual. Seguiría en desventaja. Esto provocaba que mi confianza en Dios, en mí y en otros, fuera debilitada. Me encontraba como Lázaro. Se me había dado la oportunidad de regresar a la vida pero tantas cosas en mí todavía estaban envueltas en trapos de muerte. Necesitaba ser libre de mis deudas del alma.

Mi relación con mi padre se había visto afectada durante todos estos años. La realidad es que había cuestiones en mi interior que no había podido entender. ¡Tantas preguntas asaltaban a mi mente! Aún cuando trataba de entender todo lo que él llevaba sobre sus hombros, sentía que algunas cosas entre nosotros quedaban sin resolver. Siempre pensé que estaba tan ocupado por proveer a la familia, que conversaciones importantes habían quedado pendientes. Esa misma falta de respuestas trajo tantas dudas en mí, que limitaron mi capacidad de amar.

Esa noche luchaba con Dios. Inquiría al Señor acerca de todo esto. Recuerdo haberle dicho: «¿Señor, por qué pasa esto?, ¿por qué no he recibido respuesta todavía?». Anhelaba poder dar fin a esta barrera que se había interpuesto entre mi padre y yo. Vivía resentido por cosas que esperaba recibir.

Al acostarme lo pude entender bien. La película de mi vida se desplegó delante de mis ojos. Recordaba aquel Diciembre en la misma pequeña casa de madera que por años me había recibido en el barrio Colombia de Mayagüez. Veía a mi padre llorando mientras miraba el cuerpo inerte de mi abuelo en aquel ataúd. Yo sólo era un niño parado junto a él.

A todos nos tomó por sorpresa. Nadie esperaba que muriera el abuelo que tenía fama de nunca enfermarse. Para todos fue difícil; en especial, para mi padre. Sólo un año atrás nos habíamos mudado para los Estados Unidos. Mi padre no pudo llegar a tiempo antes que muriera el abuelo. Recordando la escena me di cuenta que entre ellos habían cosas que quedaron sin resolver. Mi abuelo había sido un hombre trabajador, pero hubo cosas que no pudo traer a su casa. En especial, aquello que alimentaba el corazón de mi padre. Entonces Dios me habló. Veía a mi padre llorar en el recuerdo de aquel funeral. Palpé su dolor. Las lágrimas comenzaron a saltar de mis ojos cuando el dolor del corazón de mi padre se hizo patente en mí. Fui allí que escuché su voz sanadora.

«Hay cosas que tu padre no ha podido darte porque nunca las recibió.» ¡Cuántas veces luchaba con Dios por sentirme en deuda por cosas que no se me habían dado en casa! Sentía que algo se me debía y nunca había podido cobrar lo justo.

Mi perspectiva estaba siendo transformada. Podía ver un cuadro más amplio y entender que mi herida mantuvo mi visión limitada. El amor del Padre comenzaba a sanar áreas de mi corazón. Por primera vez me atrevía a enfrentar lugares intocables del corazón. Por tanto tiempo las puertas habían permanecido selladas. Hoy se abrían para soltar el perdón.

No pude dejar de llorar al ver cuánta compasión se derramaba en mí. No pude más que abrir mi corazón para decirle al Señor: «Padre, sácanos de todo esto». Su respuesta revolucionó toda mi manera de vivir.

He visto cómo la relación entre mi padre y yo, crece y madura. Dios ha restaurado y cerrado las brechas que se habían abierto en el corazón de ambos. Dios estaba tratando con su corazón de la misma manera que lo hacía con el mío. Ambos hemos podido ver nuestra relación fortalecerse. Cada día más admiro su fe, su perseverancia, su amor por la gente y su fidelidad hacia Dios. Agradezco al Señor el día que abrió paso, para que la gracia de Dios transformara el destino de nuestra familia. Aún mis hijas disfrutan hoy de esta bendición. ¡Gracias papá!

Bienaventurados los que habitan en tu casa; perpetuamente te alabarán. Bienaventurado el hombre que tiene en ti sus fuerzas, en cuyo corazón están tus caminos. Atravesando el valle de lágrimas lo cambian en fuente, cuando la lluvia llena los estanques. Irán de poder en poder; verán a Dios en Sion.

—SALMO 84:5-7

Dios me ha permitido, a través de esta palabra, capacitarme para cambiar mis valles de lágrimas en bendición. Esto ha traído libertad a mi corazón. Tú también puedes cambiar tus valles y que tus estanques sean llenos de la provisión del Señor.

EL SONIDO QUE TRAE PAZ

Desde muy pequeña observé el esfuerzo que mi madre hacía por levantarnos como hijos de Dios. Cuando ella se propuso esta meta, no le importó cuántos obstáculos se levantarían en su contra. Me preguntaba, ¿por qué una madre con un corazón tan fiel tendría que hacerlo sola? Podía percibir su dolor; pero ella todo lo hacía por amor. Fue una campeona. Perseveró fielmente a pesar de tener el corazón destrozado.

Yo tenía cerca de nueve años; pero sabía que algo no estaba bien entre papá y mamá. Recuerdo el día que lo supe. Sentí que necesitaba una fuerza que no tenía. Lloraba en mi cuarto pidiendo a Dios que esto no fuese cierto: «¡Papi es un héroe!», gritaba mi corazón lleno de dolor.

En las noches, no quería jugar. Solo deseaba esperar y escuchar el auto de mi papá llegar. Esto era lo que me daba seguridad para poder descansar. Pensaba que cuando escuchara ese ruido, seguía el beso de papá y al fin estaríamos todos juntos en casa. Era el sonido que traía paz.

Orábamos juntos los cuatro. Mamá, mis hermanos y yo, cubríamos a mi padre. Lo hacíamos incansablemente, aunque sabíamos que papá estaba tomando otro rumbo que podría destruir a toda la familia. Nunca quise concebir la idea del divorcio de mis padres.

¿Qué podía hacer para que papá no se alejara? ¿Cómo podría hacer que esto cambiara? Era interesante saber que el amor hacia mi padre no dependía de las circunstancias. Yo le pedía a Dios que honrara nuestro esfuerzo de creer en su Palabra. Era muy fuerte vivir en permanente inestabilidad emocional. Un día salíamos juntos y parecíamos la familia perfecta. Viajábamos y compartíamos muchas cosas; pero cuando regresábamos, parecía que todo se esfumaba. Era volver a comenzar nuevamente la lucha. Yo libraba una batalla por lograr que la familia estuviera unida; por lo menos, en el corazón.

No me cansaba de pedirle a Dios por su salvación y creerlo por la fe. Las circunstancias me decían lo contrario, pero la Palabra de Dios era más poderosa. Intenté, cada uno de mis días, honrarlo como padre. Dentro de mi corazón había temor, ya que el hombre que más amaba no nos estaba siendo fiel. Cuando me surgían dudas, trataba de no pensar en la realidad.

Llegó un tiempo donde supe que mi padre había comenzado a buscar del Señor. Recuerdo que yo tenía ya catorce años. Veía más cercana su conversión. Estaba mucho más esperanzada. Pero sabía que ahora la lucha sería mayor, pues Satanás no lo quería soltar.

Conocimos un hombre que fue de mucha bendición para mi padre y luchó por él como un buen héroe de la fe. Pero así también, comenzaron otras fuertes pruebas en nuestro hogar. Sin embargo cada crisis, nos perfeccionó como familia, nos acercó a Dios, y nos hizo amarnos con un amor no fingido. Cada noche de lágrimas nos trajo un día de victoria. Cada momento de humillación, levantó el Nombre de Jesús. Aunque no siempre fue fácil imitar al Maestro con la misericordia y el perdón, levantó nuestra familia.

La primera vez que el Señor me habló y le escuché en forma audible, me aseguró con su tierna y firme voz que me daba seguridad. Él me dijo: «Hija mía, no te dejaré con las manos vacías. Te concederé la salvación de tu padre...». Desde ese día comencé a vivir en esperanza contra desesperanza. Cuando Dios habla, es inevitable creerle. Sabía que ese hombre que era mi héroe, sería un conquistador del Reino de Dios.

Luego de una crisis familiar, mi papá se rindió a los pies del Maestro. Todavía recuerdo que pude palpar con todos mis sentidos sus primeros pasos. Cada día que pasaba sentía que todo este dolor había valido la pena vivirlo. Cada conversación que tenía con papá era un nuevo comienzo. El Señor me llenó de perdón. Y hoy puedo decir, que mi papá es el hombre que más admiro en esta tierra. Creo firmemente que es un hombre que tiene un corazón conforme al corazón de Dios.

Con frecuencia lo he escuchado decir que cuando llegaba a casa sentía algo especial que lo hacía querer estar allí.

¿Será acaso que Dios habrá escuchado el clamor de nuestra familia? Dios hizo que mi padre se sintiera seguro con el resguardo de su presencia.

MÓNICA
SAN GERMÁN, PUERTO RICO

Capítulo XIII

TESOROS EN EL VALLE

E L PADRE SE ESTREMECIÓ CUANDO VIO AL niño con dolor. Estaban en el campo segando cuando el hijo se quejó del fuerte dolor de cabeza. Su padre no sabía qué hacer con él. Por eso, mandó que rápidamente lo llevaran a su casa. Al verlo, su madre lo recibió en sus brazos y su corazón se hizo pedazos. ¿Cómo era posible estar viviendo algo semejante? Las preguntas venían sobre su mente. No podía dejar de exclamar mientras sentaba al niño sobre sus rodillas. Allí en el suelo recordaba que éste era el hijo de la promesa. Dios había visitado la vida de esta familia enviado al profeta. Éste le había profetizado que el anhelo de su corazón se hacía realidad. Así fue que el niño nació y creció. Sin embargo, todo se opacaba ante lo que acababa de acontecer. ¿Cómo Dios podría permitir algo así? Ella le había entregado a su hijo; y ahora parecía morir inesperadamente entre sus brazos.

Ya entrado el mediodía, y luego de intentarlo todo, la criatura murió. Su dolor era agudo, y la tristeza la embargaba; sin embargo, ella conocía bien a su Dios. Había visto cómo Dios la había sorprendido anteriormente. Éste no podría ser el final.

> (…) Y cuando el varón de Dios la vio de lejos, dijo a su criado Giezi: He aquí la sunamita. Te ruego que vayas ahora corriendo a recibirla, y le digas: ¿Te va bien a ti? ¿Le va bien a tu marido, y a tu hijo? Y ella dijo: Bien. Luego que llegó a donde estaba el varón de Dios en el monte, se asió de sus pies. Y se acercó Giezi para quitarla; pero el varón de Dios le dijo: Déjala, porque su alma está en amargura. (…)
>
> —2 Reyes 4:25-27

Al ver que la condición en la que se encontraba, corrió al mismo lugar donde por primera vez se le había dado palabra acerca de este hijo. Corrió a buscar al profeta de Dios, quien era la representación de la Palabra de Dios y su misma Presencia para este tiempo. Esta madre con un corazón desesperado sabía que en la condición en la que se encontraba sólo podía hacer una cosa: reconocer a Dios. Cuando Giezi le preguntó cómo le iba, ella contestó con un simple: «Bien». Sabía que si Dios estaba con ella todo estaría bajo su perfecto cuidado.

No pretendió ocultar su tristeza, por eso se aferró a los pies del profeta. Derramó su corazón en el lugar correcto. En la misma Presencia del Señor. Su alma podía decir: «Señor, nada me separará de tu amor. Nada me satisface en esta vida. Solo tú, Dios». Esto sí que es reconocer a Dios.

Aquella mujer sunamita conocía la importancia de morar siempre en la Casa de Dios. Y da testimonio que los que siempre habitan en su Casa sabrán como alabarle perpetuamente. Sus pasos permanecen porque su alabanza permanece, perdura en los montes y aún es más fuerte en los valles.

Tanto la alabanza y la adoración son una expresión de reconocimiento hacia la misma Persona de Dios en medio del valle. Con tu alabanza provocas que Dios sea exaltado al mismo tiempo que expresas tu reconocimiento por todo lo que Dios ha hecho. Tu adoración reconoce lo que Dios es para ti.

> Dios mío, mi alma está abatida en mí; me acordaré, por tanto, de ti desde la tierra del Jordán. (…) ¿Por qué te abates, oh alma mía, y por qué te turbas dentro de mí? Espera en Dios; porque aún he de alabarle, Salvación mía y Dios mío.
>
> —SALMO 42:6,11

Tener una vida de alabanza es tener una vida activa en su presencia. Al adorarle estamos desenvainando una poderosa espada que dirige nuestros pensamientos y emociones.

Cuando tenemos una vida de alabanza y adoración plena, se desata un poder vivificador que se manifiesta al atravesar los valles:

1. **Provocamos su presencia.** Cuando alabamos, la presencia de Dios se hace presente. Cualquier adversidad cesa ante Él. Tal es el caso cuando los discípulos debieron enfrentar la tormenta.

Pero mientras navegaban, él se durmió. Y se desencadenó una
tempestad (...) y peligraban. Y vinieron a él y le despertaron,
diciendo: ¡Maestro, Maestro, que perecemos! Despertando él, re-
prendió al viento y a las olas; y cesaron, y se hizo bonanza. (...)
y se decían unos a otros: ¿Quién es éste, que aun a los vientos y
a las aguas manda, y le obedecen?

—Lucas 8:22-25

Justo cuando el peligro amenazó la barca, Jesús estaba presente. Sin embargo, se había dormido. ¿Cómo podría estar
descansando en un momento así? Pues hay ocasiones en nuestra vida que en medio de las tormentas necesitamos despertar a
la realidad de saber que Dios está con nosotros. Hemos perdido
esa conciencia. La alabanza hace que en nosotros se despierte
esa realidad. Dios no se hace más grande porque le alabemos,
sino que su poder se hace mayor y más real en nosotros. Somos
transformados de gloria en gloria y de triunfo en triunfo.

2. **Provocamos su poder.** Al alabarle, traemos a memoria lo que
Dios ha hecho y cómo hemos visto su poder obrar. Le recordamos a nuestra alma que no olvide ninguno de sus beneficios.
Esto infunde fe para esperar confiadamente lo que Dios puede
hacer. Entonces somos capaces de dirigir nuestra voluntad,
sentimientos y emociones. No permitas que la tristeza y el de-
saliento minen tu corazón y tu mente. Acércate a su presencia y
deléitate en tu Creador.

Bendice, alma mía, a Jehová, y bendiga todo mi ser su santo
nombre. Bendice, alma mía, a Jehová, y no olvides ninguno de
sus beneficios.

—Salmo 103:1-2

3. **Declaramos lo que Dios es.** Al adorarle, reconocemos todo
lo que Dios en su misma esencia. Su gracia, su favor y su misericordia. Traemos a memoria lo que Dios representa para
mí. A los pies del maestro podemos conocer lo que Él es y lo
que no es. Esto trae seguridad al corazón. Nuestra alabanza no

solo nos bendice a nosotros sino que provoca cambios en todo nuestro entorno.

Y se inclinó a mí, y oyó mi clamor. Y me hizo sacar del pozo de la desesperación, del lodo cenagoso; puso mis pies sobre peña, y enderezó mis pasos. Puso luego en mi boca cántico nuevo, alabanza a nuestro Dios. Verán esto muchos, y temerán, y confiarán en Jehová.

—SALMO 40:1-3

4. **Provocamos que su Palabra avive el don que hay en mí.** Al exponer mi corazón a la presencia de Dios me hago sensible a su palabra. En ella encontramos consuelo, libertad y dirección. Es la que aviva el corazón y sobrepasa cualquier situación o cuestionamiento. Fue la palabra de Jesús la que hizo que la tormenta cesara y los vientos obedecieran. Este mismo poder está vigente hoy para las tormentas de tu vida. La rutina religiosa en nuestra vida puede hacer que Jesús esté con nosotros en la barca pero dormido. Las tormentas que nos alcanzan a lo largo de la vida nos dejan saber una y otra vez que necesitamos a Jesús despierto. David supo expresar esto al declarar:

Me acordé, oh Jehová, de tus juicios antiguos, y me consolé. Si tu ley no hubiese sido mi delicia, ya en mi aflicción hubiera perecido. Nunca jamás me olvidaré de tus mandamientos, porque con ellos me has vivificado.

—SALMO 119:52, 92-93

Es necesario entender que en medio de los valles, Dios derrama gracia sobreabundante sobre aquellos que le reconocen en la aflicción.

Bienaventurado eres porque tus fuerzas en el valle de las lágrimas provienen de Dios. Bienaventurado es estar gozoso. ¿Puedes estar en sumo gozo atravesando sus valles? Por supuesto que sí. Cuando pasamos por el valle de lágrimas y nos atrevemos a correr hacia Dios, todo cambia.

Toda lluvia que se expone al sol produce un arco iris. Cuando hacemos presente a Dios en el valle, el Sol de Justicia aparece con todo su esplendor y su gracia se manifiesta. El Señor es mayor que todo lo que puedas atravesar.

En Él estás completo. Sólo Él puede satisfacer tu alma. Nada supera su gracia. Él es tu gozo y tu porción.

EN CUYO CORAZÓN ESTÁN TUS CAMINOS...

Cuando los caminos de Dios están en nuestro corazón, entonces conocemos cómo es el obrar de Dios. Esto trae confianza y certeza del poder de Dios en nuestra vida. Este es el fundamento de aquellos que tienen en Dios sus fuerzas. Son personas que en su corazón han visto y conocido de cerca al Señor. Si no intimas con tu Dios y pasas tiempo con Él, entonces no conocerás quién es tu Señor y la magnitud de su grandeza.

Los que han aprendido a caminar con Dios, saben cómo son sus caminos. Nada los limita. Y dan fe que Dios consuela al corazón más fatigado en medio del valle de desolación. Están confiados en aquello que han sido probados. Atrévete tú también a probar la bondad de nuestro Dios mientras las lluvias azotan tu corazón.

Hay muchos que conocen solo las obras de Dios y eso les basta. Otros, en cambio, han visto sus obras, pero además viven confiados por quién es Dios. Cuando lo único que conoces de Dios es lo que Él hace, tu fe podría ser debilitada en el día de necesidad. Pero cuando conocemos quién es Dios, entonces sabremos que aunque no lo veamos Él continúa obrando.

Conocer la naturaleza de Dios y su carácter, trae seguridad al corazón. Aquellos que aprenden a caminar confiados, son los que han conocido que sus circunstancias cambian, pero Dios permanece para siempre. Son aquellos que han hecho de Dios más que solo una idea. Lo han hecho su Señor. Su fortaleza está en la confianza que les da saber cómo es Dios, porque le han conocido.

> No existen atajos a ningún lugar que valga la pena ir.
> BEVERLY SILLS, CANTANTE DE ÓPERA

ATRAVESANDO EL VALLE...

En los tiempos antiguos, había un gozo especial en aquel que estaba ascendiendo a Jerusalén para ir a la Casa de Dios. El peregrino vivía lleno de emoción pensando en el día que pudiese llegar allí. Para todos era un camino muy conocido. Cuando le preguntaban cómo sabría que ya estaba cerca del templo, la contestación siempre era la misma: «Sabrás que estás cerca cuando estés pasando el valle de lágrimas». Cuando las espinas rasguen tu piel, la montaña se haga empinada y el camino se torne árido, entonces conocerás que todas ésas son señales que te harán saber que el encuentro anhelado está cerca.

El Valle de las Lágrimas también es conocido como el Valle de Baca o de las balsameras, haciendo alusión al valle del árbol de bálsamo o de los árboles llorones. Se le conocía así, pues en este valle los peregrinos eran privilegiados al encontrar sombras de descanso, consuelo y alivio para su fatigado corazón.

Todo peregrino tenía claro que no había forma de llegar a la Casa de Dios si no aprendían a pasar por el valle de lágrimas. Su mirada estaba puesta ahí. No en permanecer en el valle, sino en proseguir hasta llegar a la meta. Yo creía que al encontrarse en el valle del llanto, su entusiasmo se debilitaría. Sin embargo, lo extraordinario sucedía cuando al estar en el valle se determinaba en un atravesarlo.

Aquí está la clave. Debemos atravesar el valle, no sólo visitarlo. Debemos cruzarlo. Son muchos los que llegando al valle prefieren rendirse allí mismo. Sin embargo, la victoria está en atravesarlo. No me cansaré de enfatizarlo, la meta de Dios es que podamos pasar al otro lado.

Una de las verdades que debemos aprender es que Dios nos ha capacitado para cruzar el valle de lágrimas. Porque nos ha dado la capacidad de cerrar capítulos oscuros de nuestra vida. Necesitamos creer que Dios nos preparó para esto. La misión será entonces, atravesar, vencer y dar por terminado.

Jesús nos ha declarado que en este mundo tendríamos aflicción. Pero luego, añade: «Confiad, yo he vencido al mundo». Su gracia sobre nosotros nos capacita y nos provee lo suficiente.

> Y ciñó David su espada sobre sus vestidos, y probó a andar, porque nunca había hecho la prueba. Y dijo David a Saúl: Yo no puedo andar con esto, porque nunca lo practiqué. Y David echó de sí aquellas cosas. Y tomó su cayado en su mano, y escogió cinco piedras lisas del arroyo, y las puso en el saco pastoril, en el zurrón que traía, y tomó su honda en su mano, y se fue hacia el filisteo.
>
> —1 SAMUEL 17:39-40

Muchos hemos conocido la historia bíblica de David y cómo él enfrentó a Goliat. Sin embargo, pocos nos detenemos a evaluar lo que pasó en medio de esta gran batalla. Evaluar estos sucesos me hicieron entender algo poderoso que Dios había querido enseñarme. Antes que David se convirtiera en héroe nacional, eliminando al gigante que amenazaba a todos, tuvo que enfrentar a los gigantes que lo amenazaron a él. Hay muchos gigantes que tuvo que enfrentar en su vida, pero quiero resaltar sólo tres. Como David enfrentó estos gigantes en el anonimato, fue la clave para su victoria en público.

Primero, *el gigante del rechazo*. La familia de David no lo consideraba apto para ser rey. Aun ni consideraban que tenía lo que se necesitaba para ser guerrero. David pudo haberse dado por vencido, pero usó el rechazo como instrumento para que Dios formara en él lo que todo guerrero necesita: valor y confianza. David ya no dependería de lo que otros pensaran de él, sino de lo que Dios era capaz de hacer a través de él. En lugar de darse por vencido, usó el rechazo como una plataforma para provocar que Dios se creciera en él. El conquistar este gigante te hace ver las cosas, ya no más desde la perspectiva de los hombres sino desde la perspectiva de Dios. Por eso, cuando David vio al gigante no se comparó con él, sino que comparó al gigante con Dios. Son muchas las veces que nos comparamos a la adversidad que tenemos delante y nos sentimos impotentes. Sin embargo, hay que aprender de David que en lugar de compararte con el problema, compara tu problema con Dios.

> ¿Quién es este filisteo incircunciso, para que provoque a los escuadrones del Dios viviente?
>
> —1 SAMUEL 17:26B

Aun cuando sus hermanos trataron de desalentarlo, David declaró lo siguiente, como señal de la valentía y confianza que adquirió derribando al gigante del rechazo:

> Dijo David a Saúl: Que nadie se desanime a causa de ese; tu siervo irá y peleará contra este filisteo.
>
> —1 SAMUEL 17:32

¿Quién hubiese pensado que estas palabras vendrían de un chico que un día había sido rechazado? David ya no actuaba como rechazado, vivía con la seguridad que da el vencer al gigante del rechazo.

Segundo, estaba *el gigante del menosprecio*. Mientras todos los hermanos estaban siendo enviados al ejército para enfrentar al enemigo, David era enviado a cuidar ovejas y hacer tareas que aparentaban ser menos importantes. Fue durante este tiempo que aprendió a matar al oso y al león. Esto le daría la confianza para enfrentar al gigante filisteo. Por eso, aun cuando el rey Saúl quiso desanimarlo para no enfrentar a Goliat, David supo tomar del depósito que la adversidad le había provisto.

> Dijo Saúl a David: Tú no podrás ir contra aquel filisteo, y pelear con él, porque eres un muchacho, mientras que él es un hombre de guerra desde su juventud. David respondió a Saúl: Tu siervo era pastor de las ovejas de su padre. Cuando venía un león o un oso, y se llevaba algún cordero de la manada, salía yo tras él, lo hería y se lo arrancaba de la boca; y si se revolvía contra mí, le echaba mano a la quijada, lo hería y lo mataba.
>
> —1 SAMUEL 17:33-35

¿Cómo conquistaremos al gigante si no hemos conquistado al oso y al león? Son las supuestas pequeñas tareas las que te brindan el fundamento de confianza que tanto necesitamos para enfrentar los retos futuros.

Por último, te presento *el gigante de la soledad*. Atendiendo tareas de bajo perfil, fueron muchas las veces que David se encontró en la soledad y tuvo que enfrentar los sentimientos que le provocaban el rechazo y el menosprecio. Se tuvo que enfrentar a sí mismo. Allí a solas con Dios, aprendió a definirse. ¿Sería definido por lo que otros decían de él o por lo que Dios afirmaba en su corazón? David supo aprovechar la soledad, pues fue allí donde nacieron los mejores cánticos y salmos que hoy disfrutamos de este salmista.

Hubo tres elementos que aprendí esa noche sobre la historia de David que revolucionaron mi manera de verme en medio de la adversidad.

1. Dios usará tus experiencias pasadas para ganarle al gigante. Siempre pensé que mis batallas pasadas eran en vano. Sin embargo, al ver a David, aprendí que el oso y el león son la escuela que Dios usará para darte la victoria delante de tu Goliat.

2. David aprendió a batallar como él era. En lugar de pretender ser otro, David peleó como Dios le había enseñado a ganar,

con la honda y las piedras. No trató de ser nadie más que no fuera él. Cuando le pusieron la armadura del rey, se dio cuenta que no estaba diseñada para él. Debía pelear como ya él sabía pelear. Él era un guerrero de honda y no de armadura. David se mantuvo fiel a lo que Dios le había enseñado.

3. En medio del campo de batalla, encontró las piedras para poder derribar al gigante. En medio de la adversidad, Dios hará provisión de las herramientas que necesitas para ver caer al gigante.

Luego tomó en la mano su cayado y escogió cinco piedras lisas del arroyo, las puso en el saco pastoril, en el zurrón que traía, y con su honda en la mano se acercó al filisteo.

—1 SAMUEL 17:40

Fue allí, y no antes, que David halló las piedras para ganarle a Goliat. Siempre había pensado que necesitaba ir listo para la batalla, sin embargo, cuando llegaba a ella me daba cuenta que no tenía conmigo todos los recursos para enfrentarla. Pude darme cuenta que en medio del valle siempre he encontrado las herramientas para vencer. La experiencia de matar al oso y el león nos brinda confianza, pero no es hasta que te enfrentas al gigante que ves las piedras que usarás para verlo caer. Dios hace provisión en medio de la adversidad.

Aprendí que Dios, a través de cada valle de lágrimas que pasamos, deposita en nosotros una gracia divina para enfrentar tiempos tan difíciles como el de enfrentar a un gigante. Recuerda, para enfrentar al gigante de hoy, Dios usará las noches oscuras, los días en soledad y las batallas que ganaste a solas.

Fue por lo que David aprendió a solas, en estos valles de soledad y rechazo, que pudo saber qué hacer en uno de sus días de mayor angustia, tal y como lo relata 1 Samuel 30. La historia nos cuenta que David regresaba con su ejército a Siclag y cuando llegaron, encontraron que el enemigo había invadido, asolado y prendido fuego a todo. Para hacerlo peor, se habían llevado cautivas a las mujeres y a todos los que estaban allí. David y sus hombres pensaron lo peor. Creían que todos estaban muertos, pero sólo estaban cautivos. Sin embargo, David hizo lo que había aprendido a hacer en la soledad.

Y David se angustió mucho, porque el pueblo hablaba de apedrearlo,
pues todo el pueblo estaba en amargura de alma, cada uno por
sus hijos y por sus hijas; **mas David se fortaleció en Jehová su**
Dios.

—1 SAMUEL 30:6 (ÉNFASIS AÑADIDO)

David buscó el rostro de Dios, y allí se fortaleció y encontró dirección. El vencer al oso y al león le dio la fotaleza para enfrentar a Goliat. El vencer a Goliat le ayudó a enfrentar a Siclag. Siclag lo afirmó el día que tuvo que enfrentar la pérdida de su hijo, Absalón. Lo que aprendemos de nuestros valles de ayer nos permitirán enfrentar nuestros valles del mañana. Cada valle lo preparó para momentos futuros.

ENCONTRAR LA FUENTE

Atravesando el valle de lágrimas lo cambian en fuente, cuando
la lluvia llena los estanques.

—SALMO 84:6

Llegó el momento fundamental en esta carrera. Es ahora, donde debemos aprender a cambiar lo que tenemos delante. Dios pone en nuestras manos la capacidad de poder cambiar nuestros valles de lágrimas en fuente. Cambiar lo que pretendía destrucción en estandarte de fidelidad y bendición.

Se nos llama a cambiar nuestras lágrimas en fuente de bendición. No hay duda que las lágrimas son parte esencial de nuestra vida. Todos hemos visto nuestros rostros empapados en algún momento de nuestro caminar. Sin embargo, hay algo significativo que debemos enfatizar. Una lágrima puede consolar solo a la persona que llora. Sin embargo, cuando las lágrimas se convierten en una fuente, provoca que miles sean bendecidos, tocados y saciados.

Tal vez te ha pasado. Aunque no sabías mucho de aquel compañero, siempre lo habías visto. Cuando se encontraban aprovechaban el momento para saludarse y charlar sobre asuntos de la vida. Tenías una buena impresión de él, sin embargo, ahora no sabías que pensar. Nunca esperaste algo así. Te enteraste el por qué siempre había algo especial en su vida. Supiste toda su historia. Conociste que el hombre que estaba allí era fruto de haber atravesado los valles de lágrimas. Viste su dolor y cómo supo superar todo los obstáculos de su vida.

Desde ese día, ya no era solo la persona que te causaba buena impresión. Se convirtió en una inspiración. Se convirtió en estandarte y ejemplo. Aún aquellos detalles de su personalidad que te eran extraños pasaron a segundo plano. Ya no eran importantes.

Lo relevante era que la percepción de su vida había tomado un gran sentido de profundidad. Su valentía te ofrecía esperanza para tus tiempos de dolor. Todos necesitamos saber que es posible ver nuestro llanto tornarse en alegría y nuestro lamento en baile. Es posible que los tiempos de dificultad se tornen en bendición.

Sabemos que convertir las lágrimas en fuente bendice al que atraviesa el valle, pues cambia la dirección de su destino. No obstante, hay algo adicional que sucede cuando los valles se transforman. Se cava en su depresión una fuente de aliento para todos los que pasemos por allí en algún momento de nuestra historia.

Debemos entender que una lágrima solo puede consolar al rostro enlutado, pero un estanque es el lugar donde muchos pueden beber de él para ser inspirados, edificados y consolados. Dios nos permite ser parte de su obrar en las vidas de las personas al preparar un estanque que habla de su gracia sobre nosotros.

Al estar atravesando tus valles recuerda que tu victoria no es solo una victoria personal. Es el aliento de fe que tendrán otros al estar cruzando la misma temporada de sequía. ¡Que tome aliento tu corazón, pues aún los hijos de tus hijos vendrán a beber de esa fuente! Y verán cómo su fe es renovada y avivada.

Un evento temporal no puede entorpecer tu condición eterna. Por el contrario, tiene que tener trascendencia de vida en aquellos que te secundarán. Una generación abre camino. La otra comienza a gatear hasta que aprende a caminar. Finalmente, la tercera encuentra vía libre para correr hacia el propósito de Dios. Cada generación encontrará una recompensa hermosa del Señor. Tenemos que aprender a tener una visión más eterna de la vida pues Dios sigue obrando. Oremos para que Dios imprima su visión en nosotros.

He visto cómo en mi familia la lluvia ha llenado estanques de bendición. Mi bisabuela fue la primera que la primera que tuvo un encuentro con Dios. Fue el vástago de una familia de ascendencia gitana que vivió dándole la

espalda a Dios. Ella preparó camino para mis padres. Tengo la certeza que
con cada valle que mis padres atravesaron hicieron lo mismo para mí. Mi
meta constante será preparar camino de libertad para mis hijas. Las quiero
ver correr con todo el ímpetu que Dios tiene para ellas. Quiero cavar estanques que se llenen para la bendición de futuras generaciones.

Hoy la nación estadounidense vive celebrando la primera elección de un
presidente afroamericano. En una entrevista se le preguntó a un artista de
música popular qué pensaba al respecto. Entonces declaró lo siguiente:

«Han sido años de larga espera para la comunidad afroamericana. Hoy
llegamos aquí sostenidos por la entrega de personas como Martin Luther
King hijo, que creyeron antes que nosotros. Sin embargo, lo que más me
impresiona es que hoy un niño sabrá que no solo puede aspirar a ser rap-
ero, artista o atleta. Hoy puede aspirar a ser Presidente de la nación. Eso es
esperanza.»

Mi corazón se regocijaba al escuchar estas palabras. Sin saberlo, él estaba declarando un principio poderoso. Su declaración reflejaba el poder
del legado que estamos dejando cuando atravesamos los valles de lágrimas.
Esta comunidad viene por años tratando de cruzar los valles del racismo y
del rechazo. Cada uno de ellos sabe que lo que hoy se están permitiendo
vivir es fruto de aquellos que caminaron y lucharon primero para que esta
generación beba de los estanques que prepararon generaciones pasadas. Pero
ahora son ellos los responsables de que ese estanque no se seque, sino que
por el contrario, se continúe llenando con lluvias de bendición para las futuras generaciones. Ese es su legado de esperanza.

> Las misericordias de Jehová cantaré perpetuamente; de ge-
> neración en generación haré notoria tu fidelidad con mi boca.
> Porque dije: Para siempre será edificada misericordia; en los
> cielos mismos afirmarás tu verdad.
>
> —SALMO 89:1-2

Capítulo XIV

A PESAR DE LA LLUVIA

EN CADA VALLE QUE ATRAVESEMOS TODOS NOS vamos a enfrentar a un momento de decisión donde tendremos la oportunidad de cambiar nuestras lágrimas en fuentes. Estaremos como aquel que delante del cruce en la carretera debe decidir si toma a la izquierda o a la derecha. Es en ese momento, donde nos damos cuenta que lo que sigue no es una conclusión de rutina, sino que la misma marcará nuestra historia de allí en adelante. Debemos definir qué queremos ser y hacer. Si deseamos convertir las lágrimas en fuentes y tomar la ruta hacia nuestro destino; o bien, continuar dando vueltas en el desierto.

La determinación que tomemos hoy marcará y hará la diferencia. Es tiempo de cambiar tu dolor en canción, tu miseria en provisión y el lamento en baile.

Esta es una verdad que nunca deberíamos olvidar. Dios nos permite cambiar nuestros valles de lágrimas en fuentes para que sus hijos puedan dar fruto abundante en medio del valle. ¡Que podamos ver su gracia derramada sobre nuestra vida!

Cuando otros ven que podemos dar fruto en medio de la adversidad, no les queda duda que el Dios eterno ha venido sobre nosotros. Dejamos de vivir limitados por nuestra condición humana y finita para arraigarnos a la realidad eterna de Dios. Esta mentalidad es clave para dar fruto, pues a esto Dios nos ha llamado aún en los valles de lágrimas.

UN GIRO CREATIVO

Un 26 de diciembre, al terminar la reunión en nuestra iglesia, muchos me saludaban y me decían cuán bendecidos habían sido con la adoración. No podía más agradecerles el gesto que tenían para conmigo. Sin embargo, sentía que algo faltaba. Eran muchos los nuevos retos que enfrentaba. Trataba de manejar las demandas del matrimonio, la llegada de Hosanna, ser pastor asociado de nuestra iglesia y comenzar una nueva etapa en nuestra vida ministerial. Luego de saludar a los hermanos, rápidamente me dirigí hacia nuestra casa en el campo. Tenía sed, pero sed de Dios. Necesitaba buscar su dirección.

Pasaba por uno de los momentos más inciertos de mi vida. Sabía en mi espíritu que la decisión que había tomado era la correcta, pues había creído y obedecido a Dios. No obstante, todo parecía decirme lo contrario. Me sentía confundido, por lo que corrí al único lugar que constantemente me había ofrecido respuestas: su Presencia.

Mientras mi esposa atendía a nuestra hija, fui corriendo al piano de la sala. Por lo general, tomo estos tiempos para derramar mi corazón delante del Señor. Faltaba media hora para que terminara el día y todavía estaba allí, en aquella sala hablando con Dios. Nadie lo sabía, pero yo tenía muchos cuestionamientos por todo lo que estaba ocurriendo. Hasta había considerado rendirme, pues ya no tenía fuerzas.

Cerca de la medianoche encontré aliento en su voz. Me decía: «Jacobo, si hasta aquí te he traído no es para volver atrás». Nuevamente un destello de luz y fortaleza renovada asomaban en mis días. Lo único que podía hacer era darle gracias a Dios. Mientras lo alababa, algo se despertó en mi espíritu. Una dulce canción de fe que se había convertido en una declaración poderosa: «A pesar de la lluvia». Ya no eran mis labios cantando solamente. Era el Espíritu de Dios cantando a mi alma.

Unos meses después, la canción llegó a ser parte de nuestra primera grabación discográfica llamada *Aire*. Dios me la había regalado justo antes de comenzar a grabar. Desde que la canción se ha dado a conocer, son muchas las personas que dentro y fuera de Puerto Rico, se han comunicado con nuestra oficina para hacernos saber el impacto que este tema ha tenido para sus vidas. Todas ellas eran personas enfrentando divorcios, pérdidas, soledad, escasez y aún enfermedades terminales. Nos permitieron saber cuán significante fue encontrar ese estanque de esperanza en medio de su travesía.

A PESAR DE LA LLUVIA

A pesar de la lluvia y la tempestad
A pesar de la duda y necesidad.
Si hasta aquí nos trajo Dios, sé que no nos dejará.
Si hasta aquí nos ayudó, hoy su mano nos guiará.
Sé que no nos dejará.
Mi confianza puesta está.
En los brazos de mi Padre celestial.

Mi confianza puesta está en la voz de mi Pastor,
Sé que nunca tardará la promesa de mi Dios.
Mi confianza puesta está en la voz de mi Pastor,
Sé que nunca fallará la Palabra que mi Padre nos dejó.

JACOBO RAMOS, AIRE [EQUIPO AIRE © 2004]

Hace unos años, tuve el honor de viajar a Cuba. Mientras entonaba la canción, rápidamente me percaté que muchos de los que estaban allí la conocían y la habían apropiado como una de sus favoritas. Cada uno de los presentes, cantaba con el corazón en la mano esta declaración de fe.

Cuando finalizamos, una muchacha se acercó y abrió su corazón. Ella nos comentó sobre una situación de abuso a la que había sido expuesta en su casa y cómo esta declaración la habían mantenido firme en aquel tiempo de dolor. Yo sé que la canción fue sólo el instrumento que Dios usó para sostenerla y aumentar su fe. Fue el estanque. El agua que sació su necesidad fue la presencia de Dios y su Palabra.

Jamás hubiera imaginado que aquella canción que nació producto de una noche oscura, traería bendición a tantas personas al cruzar sus valles de dolor en lugares que nunca imaginé.

Sus valles eran muy distintos a los míos; pero aún así, podíamos correr juntos al mismo lugar que fueron los padres de una niña que fuimos a visitar en aquel hospital de Puerto Rico. También lo pude ver en el rostro del joven que estuvo al borde de la muerte mientras cruzaba la frontera. No importa qué valles hayamos atravesado. Lo que sí debemos saber es que todos hemos buscado a Dios para cambiar nuestras lágrimas en estanques.

¿Quién pudiera entender esto como José? En medio del rechazo de sus hermanos, la injusticia y el maltrato, en la cárcel aprendió que aún podía dar fruto. En medio de la tormenta el Señor lo visitó con dos hijos. Ellos representaban la obra de Dios en él. Manasés el mayor, «Dios me hizo olvidar». Efraín el segundo, «Dios me dio fruto en medio de la aflicción». Para poder dar fruto, primero tuvo que perdonar y olvidar el dolor que le habían causado en la casa de su padre. Todo el rechazo y todo el sentido de abandono tuvieron que ser dejados a los pies del Señor.

> Y llamó José el nombre del primogénito, Manasés; porque dijo: Dios me hizo olvidar todo mi trabajo, y toda la casa de mi padre. Y llamó el nombre del segundo, Efraín; porque dijo: Dios me hizo fructificar en la tierra de mi aflicción.
>
> —Génesis 41:51-52

Dios te ha hecho un productor de fuentes. Una fuente es un manantial de agua que brota de la tierra. En el mismo lugar que quisieron robarte y dejarte sin nada, ahora se despierta una fuente de favor y gracia. El valle es un lugar fértil para dar frutos inimaginables. Justamente se lo utiliza en la agricultura. Solo aquellos que vean lo que pueden hacer en el valle lo harán.

Israel se ha convertido en uno de los mayores exportadores de flores mundialmente. Aún cuando es un país árido y seco, suple rosas a todo el mundo. Esta industria genera más de 50 millones de dólares para el país. Esto se debe a que tomaron un desierto y decidieron tornarlo en tierra fértil. Atrévete a darle un giro a tus valles de dolor y provoca que un manantial de redención se despierte allí. Anímate a darle un giro creativo a tus tiempos de dificultad y verás que algo productivo se gestará para tu bendición.

Hoy por hoy, son muchos los que han conocido en estos últimos años las películas del cineasta y dramaturgo Tyler Perry. Tal vez lo que algunos no saben es que sus personajes nacieron de escritos que desarrolló durante años en su diario personal, debido a todo lo que sufrió en su niñez. Perry vivió en gran pobreza y fue abusado sexualmente por su padre. Muchos de los elementos que ha usado en sus escritos están directamente relacionados con sus valles. Este hombre aprendió a cambiar sus valles en fuentes y ahora son muchos los que beben de ese manantial.

Usa lo que Dios ha puesto en tus manos para darle un giro creativo a tus lágrimas. Tú tienes la capacidad creadora depositada por Dios. Extiende tu mano y mira cómo Dios usa lo que ha puesto en ti para darle un giro de cenizas a gloria.

Ver cómo alguien cambia sus tristezas en fuente brinda confianza. Nos hace encontrarnos con la gracia restauradora del Padre. Nos permite saber que hay un estanque de esperanza donde nuestra sed puede ser saciada. Y aún el corazón puede ser inspirado y la fe alimentada.

DE PODER EN PODER

Todos deseamos el momento en nuestra vida en que caminemos de victoria en victoria y de triunfo en triunfo. Es transitar cada día de poder en poder. No hay duda que para disfrutar de esta vida superior, todos requerimos de una intervención divina. En ocasiones, cuando la Palabra de Dios nos habla sobre este tema usa el término «unción» para describir la capacidad que el Espíritu genera en cada uno de nosotros para lograr andar en este nivel. Es la gracia divina que deposita en estos vasos de barro, los recursos necesarios para llevar nuestra vida a otra altura. ¿Tendremos la capacidad de atravesar los profundos valles y caminar en las alturas que Dios separó para nosotros?

> Habló más Jehová a Moisés, diciendo: Tomarás especias finas: de mirra excelente quinientos siclos, y de canela aromática la mitad, esto es, doscientos cincuenta, de cálamo aromático doscientos cincuenta, de casia quinientos, según el siclo del santuario, y de aceite de olivas un hin. Y harás de ello el aceite de la santa unción; superior ungüento, según el arte del perfumador, será el aceite de la unción santa.
> —ÉXODO 30:23-25

Los elementos descritos aquí nos traen luz sobre qué actitudes debemos cultivar en nuestros corazones para poder ver este fruto. El primer elemento para esta receta es mirra excelente. Precisamente es en este elemento que quisiera concentrarme y verlo juntos. Entiendo que está primero por una razón principal. Es el comienzo de todo. Es el elemento base.

La mirra es una sustancia rojiza resinosa aromática que se extrae del árbol de Arabia, muy común en Oriente Medio. La Biblia relaciona esta especia fina con el quebranto. Son las nubes oscuras que visitan nuestro caminar e inundan nuestros pasos. El camino hacia la Casa de Dios era a través del valle de lágrimas. De la misma forma, llegamos a una vida superior a través del quebranto, de la mirra. Todo el que anhele una vida sobrenatural debe entender que tendrá que enfrentar su porción de mirra en la vida.

Ahora bien, no es solo pasar por los valles de lágrimas. He visto muchas personas que han tenido momentos de dolor en su vida y lo único que han logrado es tener «una cara que le hace las vacaciones al cuco», como diríamos en nuestro país. Son tantas las raíces de amargura y resentimiento que abrigan, que no se permiten a ellos mismos vivir en libertad.

La Palabra de Dios nos aconseja que tengamos mirra excelente. Es el quebranto o la mirra que saca de nosotros la excelencia del carácter de Jesús. Es cuando nos enfrentamos a una traición y en lugar de odiar decidimos amar. En vez de arrastrar la incredulidad infundimos fe. Eso es responder a tu quebranto a la manera de Jesús.

LA LLUVIA LLENA LOS ESTANQUES...

Nuestra fidelidad y obediencia en medio del valle de lágrimas hará una gran diferencia en nuestra capacidad para atravesar los valles. La obediencia a Dios hace que una porción de su mente llegue a nosotros. Por lo que en ocasiones la obediencia requiere que tengamos que obedecer sin entender todo. No tenemos el cuadro completo, pero sí conocemos el carácter de Dios y eso tiene que ser suficiente.

«¿Por qué me pides a mí que vaya y restaure si fue él que nos abandonó?» Te parece conocida la pregunta. Cuando obedecemos, una revelación de la mente de Cristo nos trae madurez y mayor conocimiento a nosotros. Esto significa que debemos obedecer para luego poder entender. Perseverar en su Palabra y en la oración con corazón recto provocará que el favor de Dios abra los cielos con lluvia que llene los estanques. La obediencia edifica una fortaleza sobre la Roca que nos permite enfrentar fuertes tormentas.

> Cualquiera, pues, que me oye estas palabras, y las hace, le compararé a un hombre prudente, que edificó su casa sobre la roca. Descendió lluvia, y vinieron ríos, y soplaron vientos, y golpearon contra aquella casa; y no cayó, porque estaba fundada sobre la roca.
>
> —MATEO 7:24-25

Ten la certeza que el favor de Dios caerá sobre ti. La pregunta que deberías responderte es si estás preparado. La obediencia cava estanques en el desierto que retienen el favor de Dios sobre tu vida.

Hay algunos que por no obedecer han visto pasar tiempos de gracia y no han podido retener lo que Dios ha enviado para ellos. Dios nos capacita para edificar estanques, pero dependemos totalmente de Dios para que haga que los estanques sean llenados por sus lluvias.

VERÁN A DIOS

Si bien hay elementos valiosos que Dios desea que veamos en nuestra travesía, ahora la prioridad es que podamos ver a Dios. Cada secreto que podamos extraer de estos valles traerán una mayor gloria a nuestro caminar en esta tierra y alinearán nuestro corazón con el suyo.

Podemos nombrar tres beneficios principales al encontrarte con el Señor en el valle de lágrimas, pues los mismos nos permiten:

1. Conocer una nueva porción de Dios.

Yo conozco que todo lo puedes (…) Por tanto, yo hablaba lo que no entendía; cosas demasiado maravillosas para mí, que yo no comprendía. (…) De oídas te había oído; mas ahora mis ojos te ven.

—Job 42:2a, 3b, 5

Al finalizar la historia de Job, son sus palabras las que definen mejor lo que pudo obtener después de atravesar su valle de lágrimas: «De oídas te había oído, más ahora mi ojos te ven.» Job pudo ver la mano de Dios y comprender así lo que Dios representaba par él. El que se encuentra con Dios en lo íntimo en el valle de lágrimas, verá cómo el Señor le retribuirá lo que el enemigo quiso robarle.

2. Que otros conozcan esta nueva porción de Dios a través de ti.

Dios quiere ser conocido. Esta realidad se hará presente aún en los tiempos de dificultad. No sólo desea que nosotros le conozcamos, sino que otros vean en ti un destello de su gracia. Dios permitirá que tu vida se convierta en un espejo de su carácter.

AHORA ME TOCA A MÍ

Un malentendido entre nosotros fue suficiente para amenazar una buena relación. Juntos habíamos trabajado en el ministerio y nunca pensé que las cosas entre nosotros se tornaran confusas. No se le hizo fácil entender la decisión que tuve que tomar. Yo sabía lo que tenía que hacer; pero él no lo veía así. La comunión entre nosotros se resentía cada día más.

Intenté varias formas para arreglar la situación. Sin embargo, cada intento parecía poner las cosas peores. Procuré a través de una llamada buscar la restauración. Pero todo empeoraba. Ya estaba llegando al punto de la frustración. Pero me resistía a darme por vencido. Su amistad era más valiosa para mí. Recibí algunos comentarios que no eran ciertos y argumentos hirientes. Las cosas estaban tomando una dimensión mayor. Cada vez se hacían más complejas.

Nunca pensé que él y yo nos encontraríamos en una situación así. No parecía haber forma de darle fin al asunto de buena manera. Busqué a Dios preguntándole qué debía hacer. La respuesta fue inmediata: «Ve, pide perdón personalmente y sé sensible a lo que te dice.» Pues bien, no quedaba otra opción. Tendría que viajar lejos hacia donde él estaba y pedirle perdón.

Lo que había sucedido ya parecía no importar. El daño era evidente e injusto. «¡Señor, no es cierto lo que dicen!». Pero Dios continuó diciendo: «Quiero que ellos vean que todavía hay gente dispuesta a restaurar aunque parezca injusto. Hay quienes necesitan ver que hay gente con disposición a levantar mi Verdad sobre la razón. Quiero que vean lo que he hecho en ti». Debo confesar que me sorprendió lo que escuchaba, pero una vez más su voz me conquistó.

Viajamos al lugar donde se encontraba. Nos reunimos y hablamos. Al conversar, su lista de argumentos y críticas parecían no terminar. ¡No lo podía creer! Había cosas que se decían que yo sabía muy bien que no eran ciertas. Como pastor, la mente me recordaba algunos argumentos bíblicos que quería ofrecerle; sin embargo, no había viajado hasta allí para eso. Dios me había enviado para otra cosa. Entonces decidí hablar: «Yo he creído que la reconciliación vale más que la razón. Nosotros tuvimos que haberles herido de una manera que nunca imaginamos. La comunión que hemos disfrutado con ustedes vale más que mil argumentos. Les pido perdón». Luego de mis palabras, hubo silencio. Se percibía que algo había ocurrido en los aires. Nos despedimos y supe que había hecho lo correcto.

Tiempo más tarde, un amigo de ambos se me acercó para decirme que luego de aquella charla le había confesado lo valioso que había sido esa reunión. Me dijo que nuestro amigo nunca esperó esa reacción de nuestra parte. Aprendí que hay predicaciones que se dan desde el púlpito; pero otras se dan desde el piso. Doy gracias a Dios que nuestra relación ha sido fortalecida y hoy sigo contando con su hermosa amistad.

Vivimos en un mundo centrado en sí mismo. La cultura nos ha hecho pensar que todo, aún Dios, debe girar a nuestro alrededor para cumplir nuestras demandas. Si hacemos algo que no signifique sacar algo de provecho para nosotros, entonces creemos que todo fue una pérdida de tiempo. Por eso, nos cuesta pensar que Dios utilice momentos así para hacer cumplir sus propósitos.

Hasta podemos preguntarnos: «Señor, ¿qué saco yo de todo esto?». La respuesta es simple: Somos parte de la manifestación de Cristo aquí en la tierra, donde otros pueden conocer la gracia que vino a visitarnos. ¿Será esto suficiente? Por supuesto que sí. Si Dios tiene que usar valles para despertarnos en nuestro espíritu, ¡que así sea!

Muchos son los que esperan ver tu reacción en el valle para ver lo que Dios ha atesorado durante tanto tiempo en tu vida. Deja que Dios se muestre a través de ti. Deja que se haga presente. Ese valle es uno de los mejores escenarios que Dios tendrá para brillar.

3. Que nosotros conozcamos nuestra propia realidad.

Aún cuando escuchó bien, se rehusaba a creerlo. «Imposible maestro, imposible», pensaba Pedro. «Yo no soy capaz de tal cosa.» Antes de que el gallo cante tres veces me negarás. Cuando arrestaron al Maestro en el Getsemaní, Pedro estaba furioso. No podía creerlo. Al ver lo que le hacían a Jesús, su ira se tornó en confusión y luego en temor. Por eso, no fue difícil ver cómo terminó.

Se hizo paso entre la multitud para saber sobre Jesús. Perturbado por todos los sucesos que estaban aconteciendo, se sentó en el patio. Cuando lo vieron entre la multitud, le preguntaron: «Tú eres uno de ellos». Sin siquiera detenerse a pensar, respondió: «No sé lo que dices». Antes que se percatara de sus palabras, ya eran tres las veces que había negado al Maestro. Mientras trataba de escapar por las abarrotadas calles, todo el bullicio hizo silencio respetando aquel único sonido. Era el cantar de un gallo. Entre la multitud

Pedro reconoció lo que ese canto significaba: era el retrato de su propia realidad. Inmediatamente recordó las palabras de Jesús.

> Entonces Pedro se acordó de las palabras de Jesús, que le había dicho: Antes que cante el gallo, me negarás tres veces. Y saliendo fuera, lloró amargamente.
>
> —MATEO 26:75

Las lágrimas corrían por el rostro tosco de Pedro anunciando su llegada al valle de lágrimas. Me imagino a Pedro repitiéndose: «¿Cuántas veces dije que no lo haría; y aquí estoy?». Una de las cosas que los valles de lágrimas exponen es nuestra propia realidad, lo que realmente somos y está en el corazón.

Jesús y todos sus discípulos pasaban por uno de los valles más duros. Aunque Jesús los había prevenido, no todos estaban preparados. El arresto de Jesús sacaba a la luz quién era Judas realmente; y ahora Pedro conocía lo que él era capaz de hacer.

Podemos estar en lugares de autoridad con aparente éxito; pero no es hasta que nos enfrentamos a un capítulo oscuro, que conocemos realmente dónde estamos parados. Jesús en su amor decide que ése no es el fin. No pretende dejarnos en esa condición. Es allí que extiende su mano de poder y de misericordia como lo hizo con Pedro. Lo visitó en la misma orilla donde se habían encontrado por primera vez. Allí donde Pedro decidió dejarlo todo para seguir al Maestro. Entonces le preguntó tantas veces como lo había negado: «¿Pedro, me amas?». Jesús estaba afirmando a Pedro en su debilidad: «¿Estás dispuesto a comenzar de nuevo, Pedro? ¿Podremos atravesar este valle y pasar a un nuevo tiempo de comunión tú y yo? Ahora que conoces tu realidad debo saber si estás dispuesto a rendirte a mis pies». Dios había venido a visitarlo en medio de su decepción. Deseaba avivar el fuego que había en su corazón con la mejor llave que abre un corazón herido. Su amor.

La vida de Pedro fue transformada porque supo convertir su valle de lágrimas en fuente.

Para reflexionar:

Pregúntate qué beneficio obtendrás al atravesar tu valle de lágrimas. Considera que eres muy valioso para el Señor.

1. ¿Qué característica Dios te está revelando de sí mismo?
2. ¿Qué estás aprendiendo de ti en este valle?
3. ¿Qué cosas Dios ha depositado en ti que quiere que otros vean?

En medio de la tormenta

En noviembre del año 2001, en Santiago de los Caballeros, le daban un diagnóstico a mi dolor abdominal: linfoma, cáncer en el sistema linfático. Se manifestaba con tumores en diferentes partes de mi cuerpo. «¡Cáncer! Esto es un error. Dios, ¿dónde estás? Esto le pasa a otros, pero no a mí. Yo soy quien ayuda a los que le pasan cosas como éstas, se supone que no me pasen. ¿Dónde te has ido?» Un huracán llegaba a mis costas.

Fui sometido a la ingrata, pero necesaria, terapia con químicos. Esto me mantuvo limpio solo por un año. El cáncer volvía. Recuerdo el regreso de Puerto Rico a la República Dominicana. Allí se encontraba mi esposa. Debían practicarme una biopsia. El resultado dio positivo: el linfoma había regresado y con él mi huracán se intensificaba.

Caminando por el pasillo del barco que me traería de nuevo a casa con la terrible noticia, sentía que las tinieblas me arropaban ausentes de toda compasión. No paraba de llover.

Entré a mi camarote, caí de rodillas como caen los guerreros en bata-lla. No sé cuánto tiempo estuve allí gimiendo y llorando. La alfombra del camarote recibía el río de lágrimas que brotaban de mi corazón. Pensaba tanto en Ana Gabriela, mi pequeña hija de apenas cuatro añitos, y en Anabel, mi querida esposa. Estaba muy preocupado por ellas.

Diferente a la vez anterior, no le reclamaría mi vida al Señor, como cuando escuché el diagnóstico inicial. Esta vez me rendí delante de su presencia. Oré: «Está bien Señor, toma mi vida; acepto morir. Me entrego a ti, me rindo. Solo te ruego que seas tú Señor, el Padre de mi hija y le des a mi esposa el coraje y la fortaleza de seguir adelante sin mí. Tú eres Padre de huérfanos, sólo tú puedes velar por ellas. Decido confiar en ti».

Las horas pasaron sin que yo pudiera darme cuenta. Recuerdo la paz tan sobrenatural que sentía en mi corazón. Era la paz del que se rinde, del que entrega, del que deja de pelear, del que adora en medio de la tempestad. Ahora podía escuchar claramente la voz del Señor dándome consuelo. Me pedía que sólo lo mirara a Él. Llegué a casa y mi esposa fue sorprendida por Dios. Mi rostro estaba iluminado por su gracia y lleno de una paz incomprensible que sólo podía disfrutar.

Regresamos a Puerto Rico. Debía ser sometido a un trasplante de médula ósea. Para mí había comenzado «el Getsemaní»: un tratamiento de quimioterapia, incontables exámenes, fastidiosos estudios invasivos, coraje, desvelos, lágrimas, dudas, temores, largas esperas, dolores, cansancio, silencio, preguntas, y aún ver a los demás pacientes que morían a mi lado. Nada, pero nada de esto impidió que viéramos a Dios en todo el proceso. Nada impidió que recibiéramos su paz y su gozo en medio de la tormenta.

Dios estuvo desde antes del diagnóstico con nosotros y aún seguía allí. ¿Sabes dónde está Dios en tu tormenta? Allí mismo donde lo dejaste antes de la difícil situación.

Todavía puedo escuchar el eco de las palabras de mi esposa Anabel en mi corazón, cuando con angustia le dije que tenía una sentencia de muerte; ella me dijo: «No Popín, tú tienes una sentencia de vida». Mi querida esposa tenía razón.

Siete años han pasado. Hoy conocemos más al Señor y tenemos más vida que antes por el solo hecho de tener a Dios con nosotros en medio de la tormenta.

CELSO PÉREZ
JARABACOA, REPÚBLICA DOMINICANA

Capítulo XV

LO QUE A UNO CURA, A OTRO TORTURA

E RAN DOS HERMANOS. TENÍAN MUCHO EN COMÚN y disfrutaban divertirse mucho con las actividades que el viejo mundo les ofrecía. Eran muy similares, pero distintos a la vez. Quién iba a imaginar que de estos mellizos, naciera una de las rivalidades más fuertes de la historia y de división familiar.

Suena la campana. Mientras suben al cuadrilátero, la música para la pelea ya comienza a sonar de fondo, preparando los ánimos. Sale la voz que todos esperan. Es el presentador de la cartelera de la noche, listo para dar inicio a la pelea tan esperada. Poco a poco, se oye el sonido del micrófono en la bocina principal, mientras ajustan los sensores: «Uno, dos, tres, probando». Desde la cabina, el sonidista imparte la señal con la mano, evidenciando que todo está en su lugar. Se hace presente, la voz del anunciador y todos, como si ya hubiesen leído las reglas no escritas, bajan la voz.

Después del acostumbrado «feedback» antes de dar inicio, la voz sale y se dirige a la audiencia.

«Muy buenas noches, ésta es la cartelera vespertina. En la esquina roja, el primogénito, el mayor. Vestido con su atuendo único diseñado por los mejores diseñadores de Israel. Su piel, inconfundible. Salvaje, aventurero, el cazador de cazadores, el que se come a los nenes crudos. El rudo y lleno de vellos (bueno, eso no suena muy agresivo, pero seguimos). Les presento al que está presto para dar el todo por el todo en esta lucha por la primogenitura. Su nombreeeeee, Esaú, el rayo de luz. En su esquina el patriarca, que supo subir a la montaña junto a su padre para enfrentarse, cara a cara, al cuchillo de la muerte y regresar vivo. Su padre, el inconfundible, Isaaaaac.» Las voces salen como fieras gritando en la arena. Hace silencio la voz mientras espera por el momento adecuado para continuar. Entonces prosigue: «En la otra esquina, vestido de ropa de vellos, preparada por su manejador, su madre Reeeeeebeeeeeeca».

Bajando la voz, presenta con respeto a quien tiene en sus manos el arma de la sabiduría para conocer todos los trucos habidos y por haber de su familia. Tomando el micrófono nuevamente sigue comentando.

«Le han llamado el listo, el suplantador. Ha estado toda su vida esperando por este momento crucial y no lo va a desperdiciar. Ha venido decidido a lo que sea en esta batalla campal donde el ganador se lleva el título y el perdedor se retira de una vez y por todas, de esta, la batalla de los primogénitos. Señoras y señores les presento al único, al de los pies rápidos para correr, su nombreeeee…. Jacob, el usurpador.»

Los gritos y el entusiasmo se dejaron ver en este evento sin comparación. Todo el recinto temblaba con un bullicio ensordecedor.

«¿Están listos?», pregunta la potente voz. Mientras todos aplauden y la música sube, el maestro de ceremonia continúa.

«Es la lucha de las luchas, la guerra por la bendición. El choque por el título mayor, el de ser llamado primogénito. Su destino de ser patriarca comienza aquí. Años esperando para llegar aquí, al premio mayor, al choque de trenes. Es impresionante, esto no es apto para cardíacos, señores. Si usted padece del corazón cambie de canal. Hoy les presentamos la pelea principal de esta cartelera. Título por cabellera. Honra por… Voy a detenerlo aquí por el bien de todos.»

Su padre Isaac estaba consciente que le quedaba poco tiempo. Por eso, para cumplir con la tradición hebrea, Isaac le pidió a Esaú que se preparara para darle la bendición. Esto significaría que ahora Esaú por ser el mayor, recibiría la bendición del padre. Con esta bendición de primogenitura le correspondía no solo una porción mayor de la herencia y de los bienes, sino también una bendición espiritual especial para él. Sería el comienzo de un largo camino hacia el patriarcado de la familia.

Isaac, quien era el patriarca de la familia hasta ese momento, favorecía a Esaú. Mientras que Rebeca, la madre, beneficiaba a Jacob. Isaac conocía muy bien la promesa de que el menor debía recibir la bendición. Sin embargo, le llamaba mucho la atención el espíritu aventurero de Esaú. Rebeca, por el contrario, creía firmemente que Jacob era el hijo que debía recibir la primogenitura. Este dilema entre los padres, trascendió en los hijos y terminó con una gran rivalidad entre ellos.

En los tiempos antiguos todo hijo anhelaba una bendición como ésta. Jacob no era la excepción. Él sabía que era muy especial y anhelaba parte de ese privilegio. Por eso cuando Jacob se enteró que el tiempo de la ceremonia había llegado, sabía que tenía que actuar rápido. Así que junto con su madre Rebeca, trazaron el plan. Esperaron el momento justo hasta que llegó.

Un día observaron algo particular en el caminar de Esaú cuando regresaba del campo. Sus pesados pasos anunciaron que ése era el momento que habían estado esperando. Jacob y Rebeca se miraron el uno al otro en complicidad, mientras ambos cocinaban la receta secreta: Un rico plato de lentejas, el preferido de Esaú. Ellos sabían de qué manera llegar a su corazón: como se llega al corazón de todo hombre —según la tradición hispana—, por la cocina.

Esaú procuraba descanso al regresar a casa. Cuando se sentó buscando alivio señaló sin darse cuenta su debilidad. Entonces Jacob se acercó y Esaú le pidió que le sirviera un poco del guiso. Pensó que eso restauraría su ánimo. Jacob, en cambio, vio la oportunidad esperada para obtener la primogenitura.

Jacob exigió codiciosamente que Esaú le vendiera ese día, su derecho a la primogenitura antes de darle la comida. Esaú, no estaba en posición de tomar ninguna decisión. El cansancio, el agotamiento y el desánimo se habían apoderado de él. Inestable emocionalmente y sin calcular las consecuencias que sus actos tendrían, tomó la pero decisión de su vida. Sin siquiera detenerse a pensar, al escuchar la oferta Esaú contestó: «He aquí yo me voy a morir; ¿para qué, pues, me servirá la primogenitura?». Con esas palabras selló el trato.

Esaú intercambió su derecho a la primogenitura por una porción de lentejas. ¿Lentejas? ¡Quién diría! Yo hubiera entendido su actitud si por lo menos hubiese hecho el trato por un asado argentino, un bife de chorizo, o un exquisito plato italiano. Mejor aún si hubiera negociado por un rico mofongo* puertorriqueño relleno de langosta o las ricas costillas que prepara mi esposa Raquel. Pero… ¿lentejas?

Esto es lo que más impresiona de esta historia. ¿Cómo es que alguien

---

* El mofongo es un plato típico de Puerto Rico y República Dominicana hecho de plátano verde (no maduro) frito y machacado, al cual se le añade chicharrón de cerdo, ajo, sal y un poco de aceite de oliva.

menosprecia lo que todos desearían tener? ¿Cómo es que echamos a perder una vida de bendición por segundos de deleite? ¿Has visto algo semejante? Esaú arrojó al suelo toda una vida de bendición y autoridad por unos minutos de placer. Al cabo de unas horas tendría otra vez hambre y su cuerpo le pediría alimento. Cuando solo buscamos satisfacer nuestra carnalidad en el momento, creyendo que de ese modo se acabará nuestro deseo, lo único que estamos promoviendo es que regrese con mayor ímpetu.

Esto tendría que ser una gran lección para cada uno de nosotros. Cuando no entiendes claramente el lugar que se te ha dado, te atreves a intercambiar tesoros eternos por satisfacciones efímeras y momentáneas. «¿Te has visto en el lugar de Esaú?» He aprendido que el agotamiento puede ser un gran enemigo, sea que se trate de un cansancio espiritual, emocional o físico.

Es notorio que Satanás tentara al Señor al cabo de cuarenta días en el desierto. Cuando el cansancio y el hambre llegan al punto de ser insoportables, debemos cuidarnos. Esos son los momentos que necesitan nuestra mayor atención a la hora de tomar decisiones. Los deseos de la carne son engañosos. «¿Quieres librarte de este tipo de decisiones impulsivas y alocadas?» Te comparto un secreto: «Toma decisiones ahora que estás cuerdo, para que cuando pierdas la cabeza, seas librado del mal».

Esto es muy sencillo. Ahora que no tienes hambre y no estás cansado del camino, toma decisiones que te librarán en el día de la desesperación y la desilusión.

Muchos procuran tomar decisiones en el valle de lágrimas sin darse cuenta que son decisiones impulsadas por la desesperación y el dolor. Detente, si estás en ese punto. Busca a otros que puedan brindarte su ayuda. Éstos deben ser personas en quienes puedas confiar y quienes puedas usar como termómetro. De lo contrario, siempre habrá otros que se aprovecharán de tu apetito y tu desengaño. Sin duda, éste fue el grave error de Esaú. Tomó decisiones en el momento menos oportuno. Hoy que estás libre de toda carga emocional, pregúntate: «¿Qué haré cuando la desilusión quiera regresar a mi puerta? ¿Adónde correré cuando el hambre visite mi corazón?». Si no tomas la decisión hoy, se te hará muy difícil en el día del llanto.

NECESITO AYUDA

¿Recuerdan la película *A Beautiful Mind* (Una mente brillante), que el actor neozelandés, criado en Australia, Russell Crowe popularizó en el año 2001?

Desde que tuve la oportunidad de verla, años después de su lanzamiento, me obligué a añadirla a mi lista de favoritas. Este film está basado en los hechos de la vida real del ganador del premio Nobel en Economía 1994, John Nash.

La historia comienza con sus primeros días en la Universidad de Princeton. Allí, entre logros y luchas, se lo presenta a John batallando con una difícil y cruel enfermedad llamada Esquizofrenia Paranoica. Esta condición altera todo en su vida, sus relaciones, sus estudios y, sobre todo, su percepción de la realidad. Él se imaginaba cosas como ciertas, cuando verdaderamente no lo eran.

Sin embargo, hubo varios pasos que John tuvo que dar para ver cambios en la condición que le aquejaba. Resaltaré dos de ellos, que creo han sido los más impactantes.

Ya avanzada la película un poco más de la mitad, algo sucede con la vida del protagonista. En una de sus caminatas hacia la Universidad, Nash se encuentra con los personajes imaginarios que lo habían acompañado durante toda su vida. Ellos eran una niña, un joven universitario y un agente del FBI. Cada uno de ellos había sido creado por él en su mundo alterno e imaginario. Mientras se dirigía a la Universidad, los veía insistir al seguirlo detrás de él como tantas veces lo percibía. Pero ese día tomo la decisión de que algo debía cambiar. Mirándolos a los ojos les dijo: «Ustedes me han acompañado gran parte de mi vida; sin embargo, ya no puedo tenerlos más conmigo». Uno de los personajes sorprendido, le dice: «No puedes ignorar a un viejo amigo». Entonces él respondió: «Ya no podré hablarte más». El diálogo continúa y finalmente declara que para que ellos se mantuvieran vivos en su mente, él debía seguir alimentándolos. Por lo que concluye que ya no los nutriría más.

Luego de haberles dicho que ya no podía mantenerlos más. Pero la pequeña niña que también había creado, al llegar al edificio subió las escalinatas del mismo y aguardó a Nash con los brazos extendidos y abiertos esperando recibir un abrazo como símbolo de que la relación se restableciera. Intentaba regresar a la relación que habían mantenido hasta ese momento. No se resignaban a simplemente desaparecer. Para su propia sorpresa, John había tomado una decisión y con ella el firme propósito de perseverar pese a todo. Se esforzó y se enfocó. No alimentaría más aquello que lo destruía.

Esto me condujo a formularme algunas preguntas: ¿Cuántos recuerdos destructivos continuamos alimentando en nuestra vida? ¿Cuántas experiencias dolorosas no nos permiten salir del valle y aún continuamos abrazando? Tal vez hoy sea tu día para decirle no a los protagonistas de tus valles de lágrimas y dejar de alimentarlos.

Casi al final de la película, se muestra a un Nash que ha aprendido a controlar su condición. La escena comienza con el protagonista saliendo de un salón de clases, luego de habérsele permitido volver a dictar su cátedra. Es en ese momento que nota que un personaje lo aguarda. Se trata de un hombre mayor de apariencia distinguida. Se le acerca y dirigiéndose a él le pregunta si es John Nash. Sin responderle, va en busca de una sus alumnas que acababa de salir de su clase. Entonces la interroga acerca de si ella también veía al hombre que estaba parado a su lado. La muchacha asombrada y algo confundida, le contesta que sí. John le explica a su estudiante: «He aprendido a sospechar de todos los personajes nuevos. Mi mente necesita ayuda».

John no se refería a dudar de la gente, sino de su mente. Por su condición, aprendió a dudar de lo que le decía su mente. Él reconoció cuál era su debilidad. Sabía que su mente lo podía traicionar en cualquier momento porque estaba defectuosa. Cuando pudo reconocer esto, aprendió que no todo lo que su mente veía, sentía y apreciaba era real. Por eso, decidió que de ninguna manera descansaría en creer todas las percepciones que tenía de la realidad. La joven estudiante se despidió sin entender demasiado. Aquellos que hemos visto el film, sabemos cuál fue el motivo de su comentario. Obviamente, estaba aludiendo a su enfermedad mental. Pues su mente creaba elementos, experiencias y personajes que no existían.

Este profesor tuvo que aprender que para salir de tiempos difíciles tenía que aprender a distinguir entre lo real y lo creado.

Tus emociones tienden a crear cosas que no existen. En la gran mayoría de los casos lo que vivimos es real; sin embargo, cómo los interpretamos depende mucho del filtro de nuestra mente. De acuerdo a nuestras experiencias, la mente tiene la capacidad de filtrar la realidad que vivimos. La condición de nuestra mente determina cómo veremos las cosas. En algunos casos, hasta podrían recargar y amplificar las realidades.

CÓMO INTERPRETAR LO QUE VEMOS

Moisés escogió de cada una de las doce tribus de Israel, a un representante para examinar la tierra que debían conquistar. Al regresar, cada uno de ellos vendría con su informe en la mano dispuesto a dar a conocer al pueblo su percepción de lo que habrían observado. Como si se encontraran en una reunión del servicio secreto, el primero informó que en la tierra que visitaron fluía la leche y la miel. Mientras todos se llenaban de emoción, el espía levantó en alto el rescate de la expedición. Habían traído fruto de la tierra y lo mostraban con orgullo: uvas, higos y granadas. El ánimo de todos parecía fortalecerse hasta que comenzó la parte depresiva del informe. Moviendo su cabeza y sus manos de lado a lado, el otro espía trataba de explicarles que no debían estar tan contentos. Inclinando su cabeza, como una señal obvia de decepción, continuó con la voz bien baja: «Los que viven en la tierra son gente muy fuerte». Entre el bullicio de la multitud no se pudo definir lo que dijo. Nadie parecía hacerle caso. Por eso, alzó la voz tratando de convencerlos: «Los que viven son más fuertes. Las ciudades son grandes y con fortalezas. Allí está la gente de Anac, los heteos, los jebuseos, los amorreos y todos los feos». Se escuchó entre la asamblea un fuerte suspiro de decepción. Las cosas parecían haber cambiado. Una sola noticia, una aparente verdad parecía dar silencio a la alegría y confianza que el pueblo estaba acumulando. Como alfiler a globo, su comentario solo logró desinflar el entusiasmo y la fe que se levantaba entre el pueblo.

Caleb, un hombre sano que podía discernir entre lo real y la impresión que podrían causar las cosas a primera vista, se levantó y con autoridad silenció al pueblo y dijo: «Subamos luego, y tomemos posesión de la tierra, porque más podremos nosotros que ellos». Su intento de regresar la esperanza al el pueblo pareció no tener fruto. Ahora en lo único que podían pensar era en hombres gigantes que de seguro acabarían con ellos. Uno de los agentes del pesimismo se levantó y declaró: «Esa es la tierra que traga a sus moradores».

¿Cómo podrían conocer eso? Explícame, ¿ellos habrán visto a gente luchando con la tierra mientras ella trataba de digerirlos? Claro que no. Sin embargo, ellos mismos habían creado esa realidad. Este es el poder del pensamiento. Aquellos que han pasado tiempos de dificultad y no logran sanar su mente quedan divagando por los valles del pesimismo. Su lema parece ser: *«Nada podrá salir bien».*

Para ponerle fin a la sesión, se levantó entre la asamblea otro espía que dio el golpe que faltaba para aumentar el desánimo:

> Mas los varones que subieron con él, dijeron: No podremos subir contra aquel pueblo, porque es más fuerte que nosotros. Y hablaron mal entre los hijos de Israel, de la tierra que habían reconocido, diciendo: La tierra por donde pasamos para reconocerla, es tierra que traga a sus moradores; y todo el pueblo que vimos en medio de ella son hombres de grande estatura. También vimos allí gigantes, hijos de Anac, raza de los gigantes, y éramos nosotros, a nuestro parecer, como langostas; y así les parecíamos a ellos.
>
> —NÚMEROS 13:31-33

Gran parte de este informe tenía que ver mucho con las impresiones que ellos tuvieron en su investigación. En otras palabras, estas conclusiones eran fruto de la interpretación de lo que vieron. Era el resultado de cómo ellos se veían a sí mismos y de lo que pensaban que los otros veían en ellos.

Su manera de pensar estaba determinando la manera en que trataban todos los asuntos. Hay un refrán que dice: «Todo es según el cristal con que lo mires». Tus experiencias e interpretación de ellas van a establecer cómo verás tu mundo. Podríamos decir entonces, que tus acciones van a estar determinadas por la información que tengas y la interpretación que tu mente decida darles.

Desde la orilla

Con mi familia vivimos a muy pocos minutos de la playa. Por eso, una de las actividades que más disfrutamos es ir a la playa juntos. No obstante, preferimos hacerlo durante los días de semana, porque no hay tanta concurrencia de público. Esto nos permite tener momentos más íntimos con las niñas y ahorrarnos el tiempo de tener que buscar un estacionamiento cerca.

El sol estaba candente y la arena llena de visitantes que como nosotros habían separado el día para divertirse en las bellas playas que ofrece mi pueblo. Cuando llegamos nos percatamos que a muchos más se les había ocurrido la brillante idea de ir a la playa esa mañana. ¡Qué ilusos fuimos al pensar que estaríamos solos! Era verano y muchos turistas se habían dado cita en las playas del oeste de la isla de Borinquen. Al cabo de unos breves minutos de estar allí, mi hija mayor me hizo una propuesta muy especial. Me pidió que la llevara a la parte más profunda del mar, pero insistió en ir parada en mis hombros. Acepté con gusto, aunque sabía que al terminar el día sentiría los excesos.

Fuimos hasta allí. Hosanna lo disfrutaba grandemente. Cuando acordamos regresar me pidió algo más. Esta vez quería algo más osado para mi gusto: «Papi, ponte como una mesa sumergido en el agua y yo me pararé encima de ti». La miré confuso. Me estaban preocupando las ideas que se le estaban ocurriendo. Le expliqué que aunque le sorprendiera, papi no tenía súper poderes para respirar debajo del agua. Entonces convinimos hacer juegos más reales y emprender juntos la aventura. La coloqué en la espalda y mientras la sostenía ella se paraba para saludar a su mamá y a su hermana que estaban también jugando pero en la arena. Lo hicimos varias veces. Sin embargo, el último intento provocó una reacción no esperada.

Hosanna estaba parada en mi espalda saludando a su mamá y la llamaba: «Mami, mami, mami». Yo estaba totalmente sumergido debajo del agua. Pero una persona en la orilla la vio y se preocupó. Pensó que la niña estaba sola dentro del agua y que gritaba a su mamá por ayuda. La señora estaba desorientada mirando a mi esposa, pues ella no contestaba. Para esta mujer, mi hija se estaba ahogando y mi esposa permanecía insensible en la orilla ofreciéndole la más dulce sonrisa que ella pudiera brindar, como si no le importara la seguridad de nuestra hija.

Los que conocen a mi esposa saben que eso está muy lejos de la realidad. Ha mostrado ser una madre ejemplar y atenta a las necesidades de toda la familia. Sin embargo, la percepción de la señora era que mi esposa veía a Hosanna en peligro, pero para ella disfrutaba muy tranquila en la orilla. Ese pensamiento perduró en la mujer hasta que me vio surgir del fondo del agua. Mi niña con rostro sonriente disfrutaba cada segundo mientras la señora con genuina preocupación sufría por ella. Cuando me levanté y la pude ver en la orilla, sus ojos estaban llenos de asombro.

Nuestras reacciones están directamente ligadas a la información que recibimos y a la interpretación que le demos. Mi amada Raquel estaba tranquila en la orilla, pues sabía que yo permanecía en el fondo. La señora en la orilla, sufría al ver que una niña sola hacía gestos pidiendo ayuda, pues para ella se estaba ahogando. ¡Qué gran diferencia hace la información que tengamos! Una disfrutaba en paz, la otra vivía segundos de agonía y confusión por no conocer el cuadro completo.

Precisamente esto fue lo que le pasó al pueblo de Israel. Tenían pensamientos limitantes y su acción fue esclavizante. Lo que ocurrió luego de este informe era predecible: la crónica de una muerte anunciada. El pueblo, al escuchar este informe con tan baja expectativa de logros, estalló en llanto. Cayó en una actitud peligrosa y se orientó en la dirección equivocada, pues esto lo llevaría a tomar decisiones desacertadas.

> Entonces toda la congregación gritó, y dio voces; y el pueblo lloró aquella noche. Y se quejaron contra Moisés y contra Aarón todos los hijos de Israel; y les dijo toda la multitud: ¡Ojalá muriéramos en la tierra de Egipto; o en este desierto ojalá muriéramos! ¿Y por qué nos trae Jehová a esta tierra para caer a espada, y que nuestras mujeres y nuestros niños sean por presa? ¿No nos sería mejor volvernos a Egipto?
>
> —NÚMEROS 14:1-3

Todo comenzó con un pensamiento destructivo. Nuestro cuaderno de verdades eternas nos dice en Proverbios 23:7 que conforme a como el hombre piensa así es él. Esto significa que somos definidos por nuestros pensamientos. Ellos nos dirigirán a tomar decisiones que declaren quiénes somos.

Cada pensamiento trae una emoción. Cada emoción provoca una actitud. Cada actitud provoca una acción. Cada acción un hábito y ese hábito con el tiempo comienza a definirnos. La realidad es que lo que somos hoy día comenzó con un pensamiento. Nuestros hábitos son respuestas a pensamientos y patrones aprendidos. Si queremos ver transformaciones debemos empezar en nuestro pensamiento.

Porque cual es su pensamiento en su corazón, tal es él. (...)

—Proverbios 23:7a

Tú guardarás en completa paz a aquel cuyo pensamiento en ti persevera; porque en ti ha confiado. Confiad en Jehová perpetuamente, porque en Jehová el Señor está la fortaleza de los siglos.

—Isaías 26:3

De acuerdo al insumo de información que nutra nuestra mente, así serán nuestros pensamientos. Muchas veces quisiéramos sentirnos de una manera para poder actuar y decidir. En realidad todo comienza en cómo nosotros vemos, pensamos y percibimos lo que nos rodea. Para cambiar una emoción dañina, debemos cambiar primero nuestra definición del asunto. Para ver cambiar una actitud dañina, evalúa cual es tu pensamiento.

Los pensamientos no se eliminan, sino que se sustituyen. Si hallas algún pensamiento que deseas cambiar debes encontrar uno para sustituirlo. La palabra es la revelación de los pensamientos de Dios. Recíbela, retenla y úsala con autoridad.

Hay muchos que esperan a sentir antes de decidir. Sin embargo, todo comienza con un pensamiento. Decide primero y verás al tiempo tus emociones anclarse a tu forma de pensar. Los expertos dicen que se requiere un mínimo de veintiún días para ver una acción tornarse en hábito. Repito nuevamente, el pensamiento, trae emoción. La emoción provoca una actitud, la actitud una acción y la acción un hábito. El hábito afectará cómo te defines a ti mismo.

Piensa en esto. Te encuentras con alguien y sin haberlo conocido llegas a una conclusión muy madura sobre la persona. Ese día te dijiste a ti mismo, no sé por qué pero no me cae bien. En ese momento estableciste un pensamiento. La próxima vez que te encuentres con ella como ya definiste que te cae mal te empieza a sentir mal. Ahora te dices a ti mismo, ves me hace sentir mal. Eso va a definir altamente tu actitud hacia esa persona. Ahora como te sientes mal, tratas a la persona con marcada diferencia. A esto le sigue la acción. Cada vez que te encuentras con la persona la evades pues no quieres sentirte incómodo. Ya no sabes qué decir. Uno de esos días alguien se da cuenta que tu hábito es huir de la gente y comienza a definirte como antisocial. Todo por cómo tu pensamiento definió cómo tratarías a la otra persona. Este es un solo ejemplo de lo que nos pasa diariamente cuando anclamos un pensamiento. La mente es tierra fértil que recibe todo lo que le pongas en ella.

Uno de los secretos importantes para salir de nuestros valles de lágrimas y desesperación es aprender que el dolor y la decepción hacen que nuestra mente no pueda percibir toda la realidad. En ocasiones pudiésemos añadir cosas que no estuvieron allí. Sin embargo, una herramienta poderosa es aprender a correr a buscar referentes. Son personas confiables que te ayudarán a distinguir en el día de la gran desilusión. Aquellos que te proveerán dirección en tu camino. Te ayudarán a tomar toda la información, filtrarla y dirigirla para tomar decisiones saludables que te ayuden a cerrar capítulos dañinos en tu vida, familia y alrededor.

No hay duda que el cansancio provocó que Esaú tuviera una débil capacidad de distinguir entre lo valioso y lo insignificante. Esta incapacidad de discernimiento afectó su habilidad de tomar decisiones que cuidaran sus pasos. Menospreció el lugar que tenía y le llevó a intercambiar por lentejas su primogenitura. Debemos aprender a discernir entre lo que debemos descartar y lo que necesitamos retener.

Todos sabemos que este menosprecio de la primogenitura no nació esa tarde. Ya Esaú venía contemplando esto en su mente. Como no lo habló a tiempo, ni en el lugar correcto. Se encontró confundido entre la realidad existente y la realidad creada por su fatiga. Si tan solo se hubiese detenido en el camino para ir al padre a hablarle de cómo se sentía. Si tan solo hubiese buscado el lugar correcto para calibrar su percepción. Tal vez las cosas hubiesen sido diferentes.

Jacob fue muy astuto y se aprovechó de la debilidad de Esaú. Un tiempo después a Esaú se la había olvidado el negocio que había hecho con su primogenitura, pero a Jacob no. Aun así sabía que todavía le faltaba dar un paso importante. Por iniciativa de la madre, Jacob acordó ir vestido de pieles para engañar al ya casi ciego Isaac. Todo con el fin de tomar la bendición. Suena extraño, ¿verdad? Tranquilo, se pone peor. Tomó del closet de Esaú ropa, para ir vestido como él. Se cubrió las manos con cueros, para aparentar ser su hermano en la ceremonia de bendición, pues Esaú era muy velludo. Todo un montaje, pues pensaba que si no hacía algo desesperado escaparía la promesa Dios. ¿Cuántos errores no cometemos tratando de ayudar a Dios hacer, lo que ya Él dijo que haría?

Con comida en mano llegó al padre, preparado por su mayor confidente y cómplice, su madre Rebeca. Fue allí que todo se dio. Todo el esfuerzo y la planificación. Toda premeditación y confabulación parecían estar dando resultado. Jacob escuchó de los labios de su padre la bendición, que llegó como música a los oídos. Jacob salió del abrazo de su padre para encontrarse con su madre bajo la tienda. Cuando llegó, ambos llevaban en sus labios, como medalla de honor, la sonrisa más amplia que pudieron conseguir. Sin embargo, los labios de Rebeca iban acompañados por unas lágrimas que vacilaban por descender por su rostro. Se abrazaron y parecía que ese abrazo nunca tendría fin. Jacob se despegó y mirando a los ojos le dijo a la madre. Ya podemos descansar, lo logramos. Ella no pudo disimular más y le dijo. Jacob vas a tener que huir, antes que llegue Esaú. Él ha perdido la cabeza y va a venir dispuesto a matarte.

Pensó por un momento y dijo que tal vez podrían hablar. Sin embargo, se dio cuenta que se trataba de su hermano Esaú, a quien él había engañado. Seguramente Esaú habría entrado en sí y se daría cuenta de lo que había entregado. Las condiciones no estaban como para hablar. Ya nada sería igual entre ellos dos. Los mellizos que vivieron juntos en el vientre de su madre, se encontrarían divididos por la lucha de una bendición. Jacob y Esaú, dos hermanos, que aunque nacieron juntos, hicieron todo para separar sus caminos.

Al ver la situación Jacob tuvo miedo. Sin mucho en qué pensar tomó lo que tenía, y con la ayuda de su fiel colaboradora, salió. Desde ese día, cada vez que Jacob regresaba al valle del dolor y se sentía amenazado, Jacob volvía a tener miedo y sentía que la única salida era huir. Un patrón que le persiguió gran parte de su vida. Jacob salió y dejó atrás a su padre, su hermano y su madre. Nunca más los volvería a ver. Teniendo la bendición, no podía disfrutar de ella. Estaba huyendo. Sin saberlo, el valle de lágrimas había tocado a su puerta.

Mientras más corría más le alcanzaba todo lo que trataba de dejar atrás. Un día en su caminar, decidió parar en un lugar de descanso. Nada especial. Sin embargo lo que estaba a punto de ocurrir iba a ser de ese lugar algo memorable en la vida de Jacob. Mientras sus ojos se despedían para descansar y ponía su cabeza en la almohada de piedras (nada que envidiarle), una visión poderosa le visitó. No fue en una iglesia, ni en un culto especial o una antigua catedral. Nada de eso. No era conocido como un lugar de

encuentros divinos. Era simplemente el lugar de descanso donde tuvo que
detenerse luego de tanto correr. Donde todos los que huyen deben detenerse
pues las piernas y el corazón no le daban para más. Fue un lugar común
y corriente donde Dios decidió visitar al más común de los hombres. ¿Te
identificas? Allí vio la visión que marcó su vida junto a unas palabras que
nunca pensó que escucharía.

> (…) Yo soy Jehová, el Dios de Abraham tu padre, y el Dios de
> Isaac; la tierra en que estás acostado te la daré a ti y a tu des-
> cendencia. Será tu descendencia como el polvo de la tierra, y te
> extenderás al occidente, al oriente, al norte y al sur; y todas las
> familias de la tierra serán benditas en ti y en tu simiente. He
> aquí, yo estoy contigo, y te guardaré por dondequiera que fueres,
> y volveré a traerte a esta tierra; porque no te dejaré hasta que
> haya hecho lo que te he dicho.
>
> —GÉNESIS 28:13-15

Cuando se despertó Jacob dijo: «Sin lugar a dudas Dios está aquí y yo no
lo sabía». Decidió hacer una señal para no olvidar lo que allí había sucedido.
Levantó unas piedras y llamó a ese lugar Casa de Dios. Era la Casa lejos de
su casa. Aquel que se encontraba huyendo de su casa encontró reposo en la
Casa de Dios.

> E hizo Jacob voto, diciendo: Si fuere Dios conmigo, y me
> guardare en este viaje en que voy, y me diere pan para comer y
> vestido para vestir, y si volviere en paz a casa de mi padre, Jehová
> será mi Dios.
>
> —GÉNESIS 28:20-21

Tal vez no era el mejor de los pactos, pero sin lugar a dudas era un buen
comienzo.

ENFRENTAR LO QUE QUEDÓ ATRÁS

Luego de tal experiencia, Jacob encontró las fuerzas y la determinación
para seguir adelante con su jornada. Llegó a la zona donde se encontraba la
familia de Rebeca, su madre. Allí encontró a Labán. Al ver llegar a Jacob,
lo abrazó, lo besó y le dio la bienvenida oficial a la familia. Allí se propuso

hacer una nueva vida con Raquel, la bella, la dulce, la cercana a su corazón. Decidió casarse con ella. Pero Labán hizo un trato con él y llegaron a un acuerdo. Realmente, algo que hoy día nos cuesta mucho creer. Sin embargo, ocurrió. Jacob decidió trabajar, siete años para poder tener el honor de casarse con ella.

Después de siete años de arduo esfuerzo, el timador fue engañado. Había salido lejos de la casa, corrió hasta donde pudo, pensando que todo quedaría atrás. No obstante, no fue así. El engaño lo alcanzó y la mentira lo visitó una vez más. El huir solo provocó dilatar que lo volviera a visitar el mal que intentó dejar atrás. Sin embargo, regresó y cobrando intereses.

Jacob sirvió por Raquel siete años. A él le parecieron pocos, pues le amaba. El día de la boda todo estaba listo. Los preparativos estaban coordinados. Los entremeses hechos. La música, la luna de miel, el dúo para la historia y los discos del Israel Party Hits. Todo parecía estar listo. Tocaban la música de fondo y Jacob iba emocionado pues pensaba que tal vez ahora su destino cambiaría después de ese día. Por fin, podría disfrutar la gracia de vivir bajo la bendición que el padre aquel día declaró sobre él. Él sabía que aunque su papá había declarado sobre él la bendición algo sucedía que no podía vivir bajo las expectativas que él tenía de esa bendición. Era como saber que todos en la ciudad tenían bicicleta y solo a él se le había dado el honor de tener auto. No cualquier auto, era uno último modelo y con un motor de alto rendimiento, poderío y abundantes caballos de fuerza. Todo eso lo tenía, pero le faltaba un pequeño detalle: La llave para poder encenderlo. ¿Qué se hace cuando parece que lo tienes todo pero no lo puedes poner a correr? ¿Te has sentido así alguna vez, tratando de correr para emprender lo que sabías que tenías la capacidad de lograr pero nada sucedía?

Tal vez estás atravesando uno de los valles de lágrimas más interesantes. Es el que Dios te permite que visites para que conozcas de ti lo que es necesario conocer y para que conozcas de Dios lo que también necesitas. Ahí mismo se encontraba Jacob, rodeado por los valles donde tú también podrías estar.

Mientras la ceremonia continuaba, Jacob esperaba el momento para ver el rostro de su amada. Terminó la fiesta, y he aquí la sorpresa. Justo cuando las cosas fueron a entrar en calor, se escuchó un grito desgarrador. Era Jacob. Justo cuando el sol se colaba por la ventana Jacob pudo identificar que la muchacha con quien se había casado era otra. Era muy parecida a

Raquel, pero no era ella. Su olor era tan encantador como el de Raquel. Sin embargo, el sol que tiene la capacidad única de sacar a la luz lo oculto, revelaba que su esposa no era Raquel. Esa mañana se despertó a la realidad que su luna de miel se convertiría en pura pesadilla, no era la deseada con la que había pensado pasar darle fin a este frío y largo invierno. Siempre pensó que Raquel sería el alivio a su corazón.

Sin mucho más que pensar, fue con recibo en mano a exigir una explicación al departamento de devoluciones de la familia. Allí Jacob enfurecido se acercó a Labán y exigió explicaciones. «¿Qué es esto que me has hecho? ¿No te he servido por Raquel? ¿Por qué, pues, me has engañado?» Raquel era la que Jacob amaba. Lea no era parte del acuerdo hecho. «¿Cómo es que me engañan dando en casamiento a su hermana Lea, en lugar de a mi prometida?»

> Y los ojos de Lea eran delicados, pero Raquel era de lindo semblante y de hermoso parecer.
>
> —GÉNESIS 28:17

La descripción que se nos da de las dos hermanas marcaba una gran diferencia. Lea, la de los ojos delicados. Raquel, la de lindo semblante y de hermoso parecer. Muchos historiadores entienden que los ojos delicados hacen referencia a una descripción del color de los ojos. Se entiende que eran claros. Cosa que para este tiempo era visto como defecto. La traducción dice «ojos sin lustre». Los ojos oscuros y brillantes eran los admirados. Raquel tenía el paquete completo. Ella ofrecía un lindo semblante, hermosos parecer, ojos oscuros y era pastora de ovejas. Del otro lado, estaba Lea con unos delicados ojos. Pero Jacob había ligado su corazón al de Raquel. A tal punto, que cuando los siete años terminaron, no le pesaron por el amor que le tenía. ¿Cuándo fue la última vez que te diste el todo por el todo en alguna causa de tal modo que todo el esfuerzo dado parecía nada comparado al placer de ver el fruto final? Si Jacob estuviera en estos días podría entender muy claro que Roma no se construye en un día. Los grandes proyectos de Dios toman tiempo en tomar forma. Fue por eso que Jacob no pudo más y fue directo a exigir una explicación.

Labán intentó darle una explicación al verlo tan exaltado. Le dijo que en su tradición familiar siempre la mayor era la que se casaba primero. Así que ésta no sería la excepción. Jacob estaba furioso, por lo que le recriminó que eso no era parte del acuerdo. Labán muy entendido, le prometió que estaba dispuesto a ofrecer a Raquel en casamiento. Solo que esta oferta tenía un detalle escrito en letras pequeñas. Como hacen todos lo contratos con cláusulas capciosas. Jacob tendría que trabajar siete años más. «¿Siete?», gritó con fuerza Jacob. «Sí, siete», contestó el padre.

¿DÓNDE ESTÁN LOS HOMBRES?

Jacob pudo haber tenido muchos defectos como los tenemos tú y yo, pero mostró ser un hombre esforzado y determinado. Esta es una de las características de aquellos que logran cambiar sus valles de lágrimas. Sabía trabajar por las cosas que deseaba.

Antes, había algunas leyes claras en el corazón de los hombres. No eran perfectos. Sin embargo, la mayoría eran hombres de honor.

Esto me recuerda la película Titanic. El film rompió todas las marcas de ventas de entradas en la década de los noventa. Resumía el relato de una de las tragedias más recordadas en la historia. El impresionante barco que se hundió en alta mar al chocar con un témpano de hielo. Cuando el majestuoso barco iba descendiendo a las profundidades, el grupo de rescate se dio cuenta que no había botes suficientes para todos. Los hombres decidieron hacer algo. Cuando sortearon los botes, los hombres que recibieron boletos, se los hacían llegar a sus esposas e hijos. Estaban dispuestos a morir para ver a sus familias tener la oportunidad de vivir. Estaban dispuestos a sacrificarse para que su familia tuviera algo mayor de lo que ellos habían tenido. Esa era la meta de esos hombres.

Recientemente estaba en una oficina, la cual estaba repleta. Muchos estábamos esperando por ser atendidos. Yo era uno de los privilegiados que había encontrado una silla donde sentarme. Al pasar los minutos llegó una señora de edad avanzada y decidí ceder mi asiento. Algo que se me enseñó desde pequeño. La señora me miró con ojos que decían: «¿De dónde saliste tú?».

Tristemente, un poco más tarde, otras damas hicieron su llegada al despacho y ninguno de los varones cedió su espacio. Aún cuando una de ellas era una persona de la tercera edad. Sin lugar a dudas, Jacob nos muestra que las cosas eran diferentes, los hombres vivían por honor. Grandes retos requieren grandes compromisos. Para alcanzar lo mejor, debemos dar lo mejor. Cuando enfrentes los días de aflicción, afirma tus pasos, camina con fe y determinación. Esfuérzate y sé valiente. Necesitamos valentía para conquistar aquello que ha sido separado para nosotros. Nadie conquista aquello que no está dispuesto a enfrentar.

EMPACA QUE NOS VAMOS

Mientras regresaba a casa, luego de tratar sin fruto de negociar alguna solución, triste y cabizbajo, Jacob gustó del engaño que años atrás él había sembrado. Como caldero de presión, sin poder contener más, Jacob se desahogó. Volvió su mirada al cielo y recriminó: «Señor, ¿hasta cuándo? ¿Cuándo dejará de llover tanto sobre mí?». Una vez más el valle de lágrimas estaba visitando a Jacob.

Dicen que cien años son nada, pero para el hombre que camina con la decepción cerca del corazón siete años se hacen infinitos. Más aún, para aquel que tiene que regresar a casa y todo lo que ve le recuerda el engaño y la decepción que vivió. Es una eternidad. Eso precisamente era lo que vivía Jacob. Él pudo haber optado por tomar muchas actitudes, pero decidió creer que algo sucedería.

Seis años habían pasado y Jacob veía su familia crecer. Solo que era con la mujer que él no había amado. No solo su familia crecía, sus rebaños de ganado y ovejas, eran de lo mejor. Sin embargo, todavía no se encontraba en el lugar donde sabía que debía estar, caminando bajo la bendición completa de Dios. Aquella que su padre había declarado sobre él cuando llevaba la ropa de Esaú. Mucho tiempo había pasado preguntándose, ¿qué sería de la vida de Esaú? Demasiado tiempo para tratar de olvidar todo.

Tantas preguntas que corrían por la mente. ¿Tal vez la bendición nunca lo alcanzaría? ¿Tal vez él no era uno de los que Dios quiera bendecir? ¿Se habría olvidado Dios? ¿Se habría olvidado de su promesa? ¿Dónde estaba Dios?

El corazón se agitó y no pudo más. A eso se le añadió el hecho de que las cosas con su suegro Labán no eran iguales. Todo se estaba complicando. Un día mientras caminaba escuchó a los hijos de Labán hablando que Jacob estaba robándole a su Padre. Esto fue la última gota que necesito Jacob para tomar la decisión.

Jacob había visto algo diferente en su vida pero había patrones que no había aprendido a sujetar. Una de las razones por la cual nos encontramos bajo las mismas lluvias es porque no hemos aprendido a cambiar patrones dañinos. Lamentablemente aunque su salida era justificada seguía usando el medio inadecuado. A Jacob le costaba enfrentar la situación. Eso era lo que debía hacer de una vez y por todas. Sin embargo, decidió abrazar el mismo viejo y peligroso patrón de huir.

Llamó a Raquel y a Lea para explicarles su plan. Según él no tenían otra opción que no fuera salir a escondidas. Les explicó que Labán, su padre, ya no lo veía con buenos ojos. Y les relató que cuando salio huyendo de Esaú, él tuvo un encuentro con Dios en Bet-el. Ya ellas conocían muy bien la historia. Cada vez que se encontraban en tiempos difíciles siempre le contaba a la familia ese suceso. Había sido de la manera menos pensada y en el lugar menos esperado. Justo cuando las fuerzas ya no le daban más, puso su cabeza a descansar y en ese momento el Señor le recordó que Él estaría junto a Jacob todos los días de su vida. Esa verdad lo había sostenido durante todo ese tiempo. Labán lo había engañado y robado, pero Dios no le había permitido hacerle mal.

Comienza como Jacob a ver la ruta que te permita cambia tu fuente. Deja que el Señor pelee por ti.

Decidió salir de la casa, sin darlo a conocer a nadie más, tal como lo había hecho en los tiempos de persecución. Huyó. Solo que esta vez no fue solo. Ahora a escondidas estaban huyendo todos. La comitiva de huída de Jacob, años después se había multiplicado. Ahora, toda la familia aprendía de Jacob, que cuando las cosas se ponían difíciles uno huía. Este patrón parecía querer instalarse de generación en generación.

Labán les buscó y no les encontró. Al darse cuenta de lo que sucedía, salió detrás de ellos. El corazón de Labán quería el mal para Jacob. Pero Dios no se lo permitiría. Luego de varios días los alcanzó. Trató de convencerlo para que regresara. Pero, ¿cómo convencer a un corazón que huye, pues no logra hallar paz? ¿Cómo se persuade a un corazón inquieto que no logra descansar? Él no veía a Dios; pero Dios estaba obrando muy cerca de él. En todo este tiempo Dios había estado visitándolo. No deseaba ser solo una costumbre de bendición, una ceremonia de primogenitura o una tradición familiar. El Señor quería mostrarle a Jacob que cuando se trata de sus promesas, Él no necesita ayuda; es capaz de cumplir todo lo que promete. Fue por eso que vino a visitarlo mientras caminaba. Mientras iba en su viaje. No fue en un monte alto o en el altar de adoración. Dios fue a visitar su rutina. Mientras descansaba, Dios se hizo presente en su caminar.

Ya en este punto Jacob había comenzado a entender que tenía que restaurar lo pasado. Que no había manera de salir de ese valle si no restauraba

los puentes que lo habían llevado allí. Puentes de relaciones que él había
quemado. Fue por eso que trató de enviar una misión de paz. Sin embargo,
Esaú no estaba listo todavía para recibirlo. Es más, Jacob tampoco estaba
listo, pero ahora se encontraba luchando en el valle de la culpa, la soledad
y la falta de pertenencia.

DEJAR DE CORRER

Dios estaba a punto de llegar. No sabía cómo, pero éste sería uno de esos
momentos donde los chicos dejan de ser muchachitos y se convierten en
hombres. Y los hombres pasan a ser patriarcas. Jacob iba camino a su batalla
final. Su zona cero. Él sabía cómo llegaría, pero no sabía como saldría. Una
cosa lo impulsó a encontrarse con Dios. Después de tratar de resolver las
cosas con Esaú las cosas se complicaron. Esaú no respondió favorablemente
a la petición de paz.

Envió cuatrocientos hombres para terminar con Jacob y su familia. Jacob
encontró una buena motivación para encontrarse nuevamente con Dios.
Cuando Dios vino a verlo, fue a través de un varón que puso a su lado.
Estaba listo para batallar. El varón no vino a pelear contra los cuatrocientos
hombres de Esaú. Prefirió batallar contra los gigantes que limitaban la vida
de Jacob. No estaban afuera, sino que moraban dentro de él. Limitaban la
gracia que Dios deseaba derramar sobre él. No podía disfrutar de toda la
plenitud de Dios. Jacob no pudo más y cuando se encontró con el ángel
tuvo que verse con su realidad. Dios tiene esa manera peculiar de tratar con
nosotros. Cuando pensamos que perseguimos algo en especial, Dios está
tratando con nosotros cosas que ni imaginamos.

Sabía que todo dependía de este momento, por eso, lo sostuvo y no lo
dejó ir. Forcejearon, de un lado hacia el otro, pero la determinación de Jacob
ya era suficiente. Él no quería pasar un segundo más en ese pasillo de segunda. No quería continuar en ese valle desconocido de dolor. Él sabía muy
bien que ya era tiempo de salir. Se fijó en él y no lo dejó ir. Tal vez allí
fue que vio el destello de su realidad en los ojos de la verdad. En el brillo
de su mirada comenzó a darse cuenta que algo comenzaba. Todo daba un
giro para bendición. Todo lo que le había perseguido para destruirle ahora
se convertiría en su mayor fuerza. Todo lo que vino para darle muerte hoy
lo convertiría en bendición. Su transparencia, su confesión y su entrega, se
convertirían en sus mejores aliados.

Nuevamente, mirándolo fijamente a los ojos. El retador le preguntó su nombre y por fin entendió. Jacob, no había podido salir del valle porque no había restaurado los puentes que había cruzado en su huida de Esaú. Cuando uno hiere y no vuelve a restaurar no hay forma de regresar. Jacob se enfrentó a Dios, a lo que había hecho y a su hermano.

Pero Jacob estaba siendo restaurado en su interior. Lo que lo impulsaba a huir no era nada en el exterior. Pero todo aquello le recordaba su condición interior. Huía de la vergüenza, de la culpa y del temor. La vergüenza es un enemigo poderoso. Satanás la utiliza estratégicamente para bajar poco a poco los estándares de Dios sobre tu vida. Jacob por años no pudo caminar en la primogenitura, pues la vergüenza le había robado la capacidad de seguir el llamado de Dios para él. Cuando la culpa te sigue es más fácil conformarte con una vida sin muchas expectativas y adecuarte a la mentalidad de este mundo.

Jacob, huía de sí mismo. Del dolor interno que cada día le provocaba darse cuenta de quién era realmente. Ya no podía pretender ser otro. Ante Dios, pudo encontrarse, y hallar libertad.

No pudo contenerlo más y gritó a toda voz. Lo confesó. Lo dejó salir. Fue libre. La palabra dice que Jacob vio a Dios cara a cara y fue librada su alma. Todas las emociones de culpabilidad y vergüenza fueron quitadas de él. Su alma fue visitada por Dios. Ya era tiempo. No podía ocultarlo más. Ya no aguantaba un segundo más. Estaba allí delante de su Presencia, donde todo lo oculto se hace conocido. Donde la vergüenza no encuentra morada, pues el que conoce la verdad a través de los ojos del Señor es libre.

Y conoceréis la verdad, y la verdad os hará libres.

— Juan 8:32

Jacob cerró este difícil capítulo de su vida. En aquella hora no solo se encontró con Dios, sino que halló en aquel varón su nuevo nombre. En lugar de Jacob, que significaba usurpador, ahora se llamaría Israel, príncipe y hombre de autoridad. Su vida fue trastocada y su valle de lágrimas fue transformado. Luego se enfrentó a aquel a quien había engañado. Se enfrentó a su hermano, aún cuando sabía que podía morir en el intento. Le pidió perdón, sanó su herida y se reconciliaron. Jacob se dispuso a servirle. La vida de Jacob comenzaba a dar un giro inesperado gracias a un encuentro con Dios que le permitió soltar la culpa que le perseguía.

RECORRIDO DE JACOB

1. Al salir huyendo de su casa y encontrarse con Dios, tomó decisiones.

2. Cuando lo engañaron, confió en la soberanía de Dios. Reconoció que nadie podía tocarlo si Dios no lo permitía. Supo que no había nadie mejor que Dios para ayudarlo a atravesar el valle.

3. Supo ser esforzado. Tuvo una mentalidad de producir en medio del desierto. No se quedaría con los brazos cruzados.

4. Se encontró con Dios cara a cara y al confesar su culpa fue librada su alma.

5. Persiguió la restauración con aquel que había herido.

¿Podrás encontrar en los pasos de Jacob un modelo a seguir? ¿Qué necesitas hacer para comenzar el recorrido de Jacob hoy? Prepárate y alístate.

PARA REFLEXIONAR:

1. ¿Quién está guardando tus pensamientos?

2. ¿Habrá algún pensamiento que debamos sustituir hoy?

3. ¿Quién alimenta tus argumentos?

4. ¿Qué verdad de Dios necesitas abrazar hoy?

Capítulo XVI

UN CAPÍTULO TERMINA, OTRO COMIENZA

ÁNCER. DIVORCIO. ABORTO. MUERTE. ABANDONO. DESPIDO. INFIDELIDAD. Una palabra puede cambiarlo todo. Uno podría estar caminando tranquilo en una de las veredas de esta vida cuando de repente podríamos ser sorprendidos por una palabra que hace que todo en la vida tenga un sentido diferente.

Era una mañana preciosa en mi pueblo querido. La agenda del día estaba muy comprometida. La repasaba en la mente mientras daban los primeros estirones del día al despertar. Primero en la lista, aparecía una visita al médico. Aunque no me gustaba la idea de estar toda la mañana en ese consultorio, era inevitable. Era una visita de control. Habían hecho varios exámenes en las últimas semanas debido a una aflicción en el oído izquierdo que hacía años me venía dando problemas. Esto estaba complicando la garganta y la audición.

Era todavía muy temprano cuando llegué allí. Pensaba que sería el primero en la lista de espera, pero otros ya habían llegado. Tomé el turno correspondiente. Tuve que esperar varias horas en ese moderno consultorio lleno de revistas de hace varios meses. Gracias a Dios, me había llevado un libro para hacer la espera más placentera.

Aunque no quería pensar mucho en el asunto, deseaba salir pronto. Tenía mucho que hacer. Ya había comenzado el proceso de preproducción de nuestra segunda grabación discográfica. Y tenía muchos asuntos pendientes sin resolver y quería ver cómo podía salir lo más pronto posible de esa espera. Pasaron los segundos, los minutos y las horas y entendí por qué los médicos nos llaman pacientes. Paciencia es la que hay que tener para poder ser atendido.

Finalmente, llamaron mi nombre. Mi esposa había tenido que salir para buscar nuestra niña que estaba en su escuela. Como un resorte me levanté. Vi los ojos de muchos mirarme con cierta envidia, pues hubiesen deseado que su nombre fuera llamado. Abrí la puerta que me daba acceso al despacho médico. Entré con gran entusiasmo. Caminé por el estilizado pasillo para darme cuenta que adentro iba a tener que hacer otra espera. Me tocó sentarme en la silla del paciente, sin embargo yo ya estaba impaciente esperando en el salón solitario. Era necesario esperar que el médico terminara de atender a los otros citados que entraron antes que yo.

Se acercó a la silla donde yo estaba sentado y me reconoció. Nos dimos los saludos acostumbrados. Miró mi expediente. Lo ojeó de arriba a abajo. Vi rápidamente que su rostro comenzó a tomar un tono más serio. Miró los resultados nuevamente y me dijo, ahora vuelvo. Eso no parecía ser bueno. Regresó y se sentó. Cerró el expediente. Se dirigió a mí y me dijo, los exámenes que esperábamos llegaron. Encontramos, lo que entiendo yo, es la razón de tu problema en el oído. Viendo la importancia del asunto, decidí prestar mayor atención. Me pareció que lo que estaba a punto de decir iba a ser significativo.

«Hay una masa en tu oído izquierdo», señaló. «Esa masa está encima de tu tímpano. Podría ser un tumor. No es posible decir si es benigno o no, lo que tienes. Esta masa está afectando tu audición, tu garganta y está causando las constantes infecciones. El lugar donde está ubicado el tumor es muy delicado, pues existe la posibilidad de que tu cerebro quede comprometido.» No esperaba algo así.

«Debemos operarte, Jacobo. Sin embargo, debo aclararte algo. Yo no puedo garantizar tu audición luego de la intervención. De hecho, lo único que puedo garantizar es que tu audición se verá afectada. Yo sé que eres pastor y cantante, pero tu voz puede verse afectada también. Si decides que no quieres entrar a este proceso, lo entiendo. No obstante, yo no podría seguir atendiéndote. He llegado al punto donde he hecho todo lo que está a mi alcance.»

Le pregunté cuándo debería ser la intervención. El médico me respondió: «Si decides operarte, debemos hacerlo lo más pronto posible. Yo te recomiendo que busques una segunda opinión, tómate tiempo para pensar sobre esto y luego me indicas que harás». Así lo acordamos. Al salir de la oficina todo lo que escuchaba era silencio. No podía creerlo. Hace unas horas me encontraba planificando cada minuto de mi vida y ahora todo tendría que pasar a segundo plano.

Cuando me encontré con Raquel se lo informé. Me preguntó cómo estaba. Le dije que bien, pero ella me conocía. Podía descifrar más allá de mi contestación rutinaria. Me miró fijamente a los ojos, me apretó la mano y me dijo con tanta sabiduría: «Dios siempre te ha sacado de éstas. Él no te dejará. Dios te va a sorprender». La escuché; sabía que tenía razón, pero todo parecía un sueño. Yo pensaba que nunca más tendría que pasar por estos valles.

¿Cuándo me iba a despertar? Alguien por favor, despiérteme. Después de la segunda y tercera opinión decidimos que lo correcto era que me operara.

Todavía teníamos un asunto pendiente. Debíamos decidir si seguíamos con todos los planes de nuestra grabación. Luego de orar, hablar con mi esposa y consultar al médico, dimos luz verde a la grabación. El domingo 21 de enero de 2007, junto al Ministerio Cristiano Catacumba 5 de nuestra iglesia y a otros amigos, registramos aquella poderosa noche. Pocos sabían lo que estaba pasando. Yo mismo no tenía certeza si volvería a cantar después de la operación. ¡Había tantos interrogantes!

Aunque mi voz estaba muy afectaba debido a los medicamentos y a mi condición, deposité en cada canción todo mi corazón. Fue una noche memorable.

Luego de tantos meses de incertidumbre, había llegado el día. El martes 23 de enero nos encontramos, mi esposa y yo a las 5 de la mañana en el hospital. Al entrar por aquellas amplias puertas del centro, mi corazón se agitaba. Era extraño. Tenía la certeza de que Dios estaba con nosotros, pero no podía precisar cómo sería el próximo capítulo. ¿Qué pasaría después? Confieso que fueron meses de altas y bajas.

Hubo noches que llegaba a casa y lo único que podía hacer era tomar la guitarra y entrar en su Presencia. Después de todos los preparativos me encontré entrando al punto de no retorno. De aquí en adelante, mi esposa no podría acompañarme. Antes de despedirnos, nos tomamos de las manos y oramos en aquel frío cuarto. Mientras oraba, me vino el peso de la seriedad del asunto. Rápidamente vino a mi mente lo que había pasado aquella noche en casa. Fue la marca de Dios para mi vida durante este tiempo.

Tenía tantas preguntas en el corazón. Tal vez por eso, esa noche me costó dormir. Faltaban semanas para la operación y le preguntaba a Dios: «¿Señor, qué pasó?». Una vez más, luego de cantarle a Dios, oré por sanidad. Nada especial había sucedido. Estando en el cuarto me di cuenta que el reloj marcaba las 3 de la mañana y parecía que nadie le había dicho a mis ojos que se cerraran, pues no tenía sueño. Aun así, solté la guitarra y me acosté.

Mientras me acostaba, miré a mi esposa, que ya estaba dormida. La mirada se me fue hacia la puerta, que estaba abierta. Pude distinguir a mis dos hijas en su cuarto. Mientras disfrutaba viendo a mi esposa e hijas, sin pensarlo declaré estas palabras. «Si éste fuere el último capítulo de mi vida, Señor, si al pasar esta página lo único que encuentro es un fin, con todo te estaré agradecido». Continué diciendo: «Me perdonaste cuando nunca merecí haber sido perdonado. Me atrajiste cuando más lejos estuve. Sanaste mi corazón cuando pensé darme por vencido. Me hiciste alcanzar sueños que jamás pensé alcanzar. Me regalaste un tesoro que jamás pensé tener. Mi Dios, si todo esto terminara aquí, viviré por toda una eternidad agradecido».

Unos segundos más tarde, como si se encendiera una cámara delante de mí, comencé a ver una película de mi vida y todas las veces que Dios me habló. Desde el vientre de mi madre hasta ahora como padre. Fue allí que más claro que nunca y con mayor certeza de lo imaginado lo escuché. La voz de Dios se hizo más evidente que nunca. Mientras recordaba las promesas que Él había declarado sobre mí, escuché que me decía: «Jacobo, aún queda tiempo para milagros». Me fui al piano y se despertó esta canción en mi interior como una declaración de fe:

QUÉDATE

No te vayas por favor, haz en mí tu habitación
Ya me arde el corazón, y es por Ti, es por Ti
Quédate, te pido por favor...

–CORO–
Quédate, por favor
Quédate, buen pastor
Quédate, por favor

Que la noche se hace oscura
Necesito de tu voz
Quédate aquí Señor

JACOBO RAMOS, BUENO [EQUIPO AIRE © 2007]

QUÉDATE

Iban cabizbajos. No podían creer lo que estaba pasando. Lo habían dejado todo por ir en pos de tan inigualable aventura. Luego de dejarlo todo parecía que terminaría allí. Debían recogerlo todo y regresar a casa como regresan los fracasados. No se supone que fuera así.

Regresaban por el camino que regresan los frustrados y desilusionados cuando algo vino a verlos. Iban camino a la decepción cuando debieron ser parte del milagro que dejaban atrás. Comentaban entre sí aquella tarde milagrosa, camino a Emaús. Sus corazones estaban desencantados, Jesús parecía haberles decepcionado. Ellos tenían la expectativa que Él se convertiría en el caudillo tan esperado que librara a su pueblo. Le habían seguido. Escucharon los sermones y advertencias pero nada les preparó para esto.

¿Cómo? ¿Jesús? ¿Crucificado? Esa información fue suficiente para dar por terminada una temporada gloriosa de sus vidas. Las nubes de aquel valle de lágrimas daban señales de comienzo en aquella tarde de resurrección. Jesús ya había resucitado pero ellos nunca se enteraron. Debieron haber estado en Jerusalén. Es que cuando abandonamos el llamado y el compromiso para el cual fuimos convocados, nos arriesgamos a perderlo todo.

En el camino a Emaús, Jesús mismo se acercó a dos de sus discípulos y platicó con ellos. Hasta Cleofas le respondió. Ambos quedaron perplejos cuando les preguntó qué les pasaba. No lo podían creer. Parecía que el mundo entero debía saber de su decepción. Cleofas decidió contestarle: «¿Acaso eres tú el único que no sabe?». Es que cuando pasamos por estos valles nos vemos tentados a pensar que el mundo gira a nuestro alrededor. Creemos que todos deben salir corriendo para atender nuestro dolor.

Aunque también nos han asombrado unas mujeres de entre nosotros, las que antes del día fueron al sepulcro; y como no hallaron su cuerpo, vinieron diciendo que también habían visto visión de ángeles, quienes dijeron que él vive. Y fueron algunos de los nuestros al sepulcro, y hallaron así como las mujeres habían dicho, pero a él no le vieron.

—LUCAS 24:22-24

Era evidente que la decepción había causado un grave daño. Todo parecía estar distorsionando; en especial, su capacidad de creer. Ahora todo parecía increíble, aún las afirmaciones de los otros discípulos. En su declaración era notable su cinismo. Cuando un corazón se decepciona es difícil estremecer toda convicción.

Sus ojos estaban velados, por eso no pudieron distinguir que Jesús mismo les estaba acompañando. Es que Jesús viene a visitar nuestras caminatas en el valle de la decepción. Al llegar a su destino, algo en el corazón no los dejaba quietos. Habían conocido a Jesús. Sabían que ésta era su especialidad, visitar los valles.

Al llegar a la aldea donde se dirigían, justo al despedirse, uno de ellos le dijo: «Quédate con nosotros, porque se hace tarde, y el día ya ha declinado».

Esa petición hizo que Jesús se detuviera. Es que cuando se une nuestra necesidad al clamor de un corazón que anhela ver a Dios en su propia condición, todo cambia. Jesús hizo su entrada. Y fue en la mesa, en el lugar de reconciliación y comunión, donde les dio el pan que revolucionaría sus vidas. Les dio una palabra precisa para el momento que estaban viviendo. Esa palabra hizo que sus ojos fueran abiertos y trajera respuesta a las incógnitas del corazón. Era una revelación que les hacía ver lo que Jesús era capaz de hacer con ellos en el valle.

> Y se decían el uno al otro: ¿No ardía nuestro corazón en nosotros, mientras nos hablaba en el camino, y cuando nos abría las Escrituras? Y levantándose en la misma hora, volvieron a Jerusalén (…)
>
> —LUCAS 24:32-33A

Es verdad, una palabra lo cambia todo: cáncer, muerte, divorcio. Pero ninguna tiene mayor poder que su Palabra. Él dijo que sea la luz y fue la luz. Todo fue transformado desde ese día. Él dice, sé sano y todo cambia. Su Palabra lo trastoca todo. ¿Podrás decirle a Dios hoy, quédate en mi enfermedad, quédate en mi dolor, quédate en mi familia, quédate con nosotros que te necesitamos, Jesús? Un encuentro con Dios en su presencia hizo que aquel corazón desilusionado volviera a Jerusalén. Hoy Dios te hace regresar a tu lugar.

PARA REFLEXIONAR:

1. ¿Habrá algún evento que te haya dirigido a algún Emaús, lugar de decepción?

2. ¿Podrías invitar a Dios a quedarse contigo hoy? Toma unos minutos para pedirle que se quede contigo.

OTRO CAPÍTULO SE ESTABA DANDO A LUZ

Luego de la intervención, me encontraba en la sala de recuperación esperando. Deseaba saber cómo había salido todo. Sabía que todo en mi vida dependía de las palabras que escucharía en los próximos minutos. Cuando se agotó el efecto de la anestesia, me desperté.

Todavía un poco afectado, logré discernir su silueta. Le hice señal y se acercó. Le pregunté al doctor: «¿Cómo salió todo?». Apreté mis manos en la camilla. Había llegado el momento. Por todo lo que habíamos orado estaba a punto de hacerse realidad en ese momento. El doctor entonces, me dijo: «Jacobo, la operación no fue como esperábamos». Lo miré sorprendido. La música de tensión continuó.

Y el doctor añadió: «Hicimos una incisión en tu oreja y sobre tu tímpano. Vimos la masa y cuando la fuimos a extraer la masa se hizo polvo delante de nuestros ojos». Me tomó unos segundos reaccionar. Cuando pude recuperarme dije: «¡GRACIAS DIOS!».

Este capítulo oscuro se cerraba y veía con mis propios ojos cómo la lluvia de Dios llenaba mis estanques. Todavía tengo una gran cicatriz detrás de la oreja como testimonio del día que Dios vino a verme. Mi fe ha sido fortalecida y en el transcurso aprendí a conocer a Dios como nunca pensé conocerle.

Capítulo XVII

TERMINEMOS LA CARRERA

EL SOL DESAPARECÍA EN AQUELLA CALUROSA TARDE de octubre. Ya todos los participantes de la carrera habían llegado a la meta, excepto uno. Los espectadores se daban por vencidos. La ceremonia de entrega de medallas para el evento había concluido. Poco a poco se vaciaban las gradas del estadio de la histórica Ciudad de México.

A la distancia, las autoridades abrían paso. La sirena anunciaba la entrada del último corredor. Todos curiosos prestaban atención. Aún aquellos que estaban a punto de partir, se detuvieron. Los colores en la camiseta y el número 36 en su espalda, confirmaban que era John Stephen Akhwari, el representante de Tanzania.

John, traía una venda en su rodilla. Nadie podía entender cómo continuaba la carrera así. Cojeando y con evidente dolor, a las 7 de la tarde hacía su entrada en aquel iluminado coliseo, el último hombre en completar la carrera. Una hora más tarde que todos los corredores. Al llegar a la pista, afirmó su marcha y se dirigió hacia la vuelta final.

Los pocos presentes se ponían de pie y aplaudían reconociendo esta gran muestra de valor. El solo hecho que estuviera llegando era un gran logro. Durante la carrera, John Stephen, había sufrido una caída y su rodilla quedó lesionada. Llevaba una cortadura y se había dislocado un ligamento. No se supone que continuara la carrera, pero lo estaba haciendo.

Nadie podía entender por qué continuaba corriendo. La única posición disponible era la última. Sin embargo, su espíritu permanecía luchando como si estuviera a punto de ganar algún tesoro. Por años, éste había sido el sueño de John: correr en el Maratón de las Olimpíadas de México en 1968.

Fueron años de entrenamiento, sacrificios y disciplina. Parecía que todo se iba al suelo por una caída. Cuando John cayó, en vez de renunciar a la carrera, cubrió sus heridas y prosiguió hasta la meta.

Al llegar a la final se le preguntó: «¿Por qué continuaste en la carrera si no tenías oportunidad de ganar?». Son las palabras del corredor número 36 las que mejor describen esta hazaña, al responder lo siguiente: «Mi país no me envió 5,000 millas para comenzar la carrera. Me envió 5,000 millas para terminarla».

Todos seguían sorprendidos. Sabían que hubiera sido mucho más fácil darse por vencido. John tenía razones para abandonar la carrera, sin embargo, prefirió continuar. Decidió terminar.

DECIDE HOY

Somos muchos los que nos encontramos en la vida corriendo en esta gran carrera. Tal vez cuando comenzamos nuestro maratón, lo hicimos con gran ilusión, pensando que todo saldría como habíamos planificado. No saben donde fue, pero en algún punto de la carrera, encontraron algún tropiezo.

Algunos fueron heridos, otros decepcionados. A algunos la vida les sorprendió con dolor. A otros en la marcha, les hicieron tropezar. Tal vez, estén los que se enfrentaron a la realidad de que sus fuerzas no eran suficientes.

La gran pregunta que tenemos delante de nosotros es, ¿qué haremos? ¿Renunciaremos a la carrera o afirmaremos nuestro paso hasta llegar al final? Algo debemos tener claro. El Padre envió a su Hijo a la cruz no sólo para que pudiéramos comenzar la carrera. Jesús murió, para que también la pudiéramos terminar. Nuestra meta no es el valle, nuestra meta es atravesarlo en victoria. Ver nuestra vida ser enriquecida con su carácter y palabra.

Dios ha preparado todo para que lo logremos. No hemos llegado tan lejos para rendirnos, sino para afirmar nuestros pasos y cruzar la meta. En su gracia Dios ha provisto el camino, los medios y las fuerzas para poder dar ese último paso hasta el final. El apóstol Pablo en su carta a Timoteo, declara:

> He peleado la buena batalla, he acabado la carrera, he guardado la fe.
>
> —2 TIMOTEO 4:7

La vida de Pablo fue una de altas y bajas. Formó parte de la persecución de los primeros cristianos. Sin embargo, una cita divina hizo que todo tomara un giro en su vida. Nadie hubiese pensado que terminaría siendo uno de los personajes clave del evangelio. La iglesia de hoy, le debe mucho a la fe de este hombre. Es uno de los grandes héroes de la fe que por treinta y cinco años supo mantenerse fiel a pesar de los múltiples valles que enfrentó.

Pablo en su carrera encontró tropiezo, cárcel, persecuciones y desilusiones. Aun así, se mantuvo firme. Al terminar su vida, como un legado a su amado discípulo Timoteo, le afirma: «He peleado, he terminado la carrera, he guardado la fe». Como diciéndole: «Timoteo, tal vez tropezarás al caminar. Habrá días que serás traicionado y herido. Surgirán momentos donde pensarás que las fuerzas te abandonan. Seguro verás valles de lágrimas que querrán robarte el valor para continuar, pero espera. Dios no te ha abandonado. Su gracia será suficiente».

Unas de las preguntas que más me hacen al hablar de este tema es: «¿Jacobo, hasta cuándo, hasta cuándo? ¿Cuánto tiempo debo estar aquí?». Les digo que la clave está en la primera carta del apóstol Pedro:

> Mas el Dios de toda gracia, que nos llamó a su gloria eterna en Jesucristo, después que hayáis padecido un poco de tiempo, él mismo os perfeccione, afirme, fortalezca y establezca.
> —1 Pedro 5:10

El propósito de Dios es que podamos caminar según el llamado de su gloria eterna en Jesucristo. Cuando esto se dé en nosotros, el tiempo pasa rápido. ¿Quién define ese tiempo? Primero, Dios; segundo, nuestra respuesta en el valle. He aprendido que nosotros somos llamados a atravesar el valle. Si hoy te encuentras en un valle, Dios te afirma para que los puedas atravesar con poder y gracia. Te capacita para que veas su gloria establecida en ti. Te fortalece para enfrentar cada momento de la jornada.

Dios derramará su gracia sobre ti, para que puedas afirmar tus pasos y terminar victorioso la carrera. No importa en qué lugar de la carrera te encuentres o en qué posición te veas. Decide hoy tomar valor, y échate a los brazos extendidos de u gracia para continuar y acabar la carrera. Termínala guardando la fe. Dios estará contigo hasta llegar al final. Su gracia siempre prevalece. Su gracia nos basta.

Clamo a Dios para que hoy encuentres el valor para poder atravesar tus valles de lágrimas y cambiarlos en fuentes. Recuerda que tu pasado no tiene ni debe determinar tu futuro. Oro para que en tus valles encuentres una fuente inagotable de fe, gracia y favor de Dios.

> He leído la última página de la Biblia y todo saldrá bien.
> BILLY GRAHAM

Es mi deseo conocer los relatos y experiencias que surgieron a través de la lectura de estas historias. Por favor, escríbenos a equipoaire@yahoo.com y comparte con nosotros tu historia.

equipo aire
PO BOX 687
Mayagüez, PR 00681

Para más información sobre Jacobo Ramos visita,
www.jacoboramos.com

2004

2007

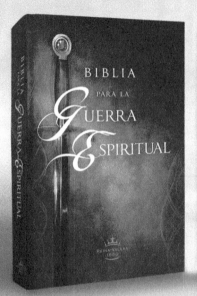